নেতাজী রহস্য

ডঃ সত্যনারায়ণ সিনহার মূল গ্রন্থ
'NETAJI MYSTERY' র বাংলা ভাষান্তর

পিনাকী নাগ

INDIA • SINGAPORE • MALAYSIA

Notion Press Media Pvt Ltd

No. 50, Chettiyar Agaram Main Road,
Vanagaram, Chennai, Tamil Nadu – 600 095

First Published by Notion Press 2021

ISBN 978-1-63997-609-6

উৎসর্গ

আমার প্রয়াত পিতা **স্বর্গীয় রমনী মোহন নাগ** এর পবিত্র স্মৃতির উদ্দেশ্যে উৎসর্গিত হল **'নেতাজী রহস্য'** অনুদিত গ্রন্থটি।

পিনাকী নাগ

Note of Thanks

My Sincere note of thanks to Notion Press for their earnest effort to publish this book.

My Sincere thanks to my son Kaushik Nag for extending technical support and editing the book.

My Sincere thanks and love to my granddaughter Kaushiki Nag for the cover design idea for the book.

Pinaki Nag

বিষয়বস্তু

অনুবাদক পরিচিতি

লেখক এবং অনুবাদক পিনাকী নাগের জন্ম ১৯৩৮ সালে। সাহিত্যের সঙ্গে তাঁর বসবাস প্রায় পাঁচ দশক।

১৯৮৮ থেকে ১৯৯১ তাঁর অনুদিত **ভিয়েতনাম, কিউবা ও লাওসের ১২টি গল্প** প্রকাশিত হয় গণশক্তি পত্রিকায়।

তার সঙ্গে সোভিয়েত রাশিয়ার তিনটি গল্প যুক্ত হয়ে অনুবাদ গল্পের একটি সংকলন **'মুক্তিযুদ্ধ দেশে দেশে'** নামে প্রকাশিত হয় ১৯৯৬ সালে কলকাতা বইমেলায়।

১৯৯৯এর বইমেলায় প্রকাশিত হয় তাঁর ২৪টি মৌলিক গল্পের সংকলন- **'মিনার'**।

২০১২-র ২১শে ফেব্রুয়ারী প্রকাশিত হয় স্বরচিত কাব্যগ্রন্থ **'দহন'**।

২০১৩ সালে প্রকাশিত হয়েছে ১৭টি বিদেশী গল্পের সংগ্রহ **'আন্তর্জাতিক গল্প সংকলন'**।

ল্যারি কলিন্স এবং দমিনিক লেপিয়ারের লেখা 'ফ্রিডম অ্যাট মিডনাইট'এর আংশিক অনুবাদ, **'কাশ্মির, শুধু কাশ্মির'** নামে প্রকাশিত হয়েছে জানুয়ারী, ২০২১এ।

পিনাকী নাগের সর্বশেষ অনুদিত নিবেদন হল **'নেতাজী রহস্য'** যা হল ডঃ সত্যনারায়ন সিনহা রচিত মূলগ্রন্থ 'Netaji Mystery' এর বাংলা ভাষান্তর ।

'নেতাজী রহস্য' গ্রন্থ সম্পর্কে

ডঃ সত্যনারায়ন সিনহা রচিত মূলগ্রন্থ 'Netaji Mystery' এর বাংলা ভাষান্তর করেছেন **পিনাকী নাগ**। বাংলা ভাষান্তর **'নেতাজী রহস্য'** গ্রন্থটির ছত্রে ছত্রে পাওয়া যাবে অজস্র রোমাঞ্চকর বিপদসংকুল অভিযানের কাহিনী, যেই পথ নেতাজীকে পেরিয়ে যেতে হয়েছে। ডঃ সত্যনারায়ন সিনহা সেই পথেই হেঁটেছেন নেতাজী রহস্য সংক্রান্ত প্রকৃত সত্যের সন্ধানে।

ডঃ সত্যনারায়ণ সিনহা রচিত 'Netaji Mystery' গ্রন্থটি সর্বপ্রথম প্রকাশিত হয় হিন্দুস্তান স্ট্যান্ডার্ড পত্রিকায়, ধারাবাহিকভাবে। গ্রন্থটি প্রকাশিত হওয়ার সাথে সাথেই সারা দেশে এবং ভারতের পার্লামেন্টের মধ্যে প্রবল চাঞ্চল্য সৃষ্টি হয়। জনগণের মধ্য থেকে দাবী ওঠে, নেতাজী সম্পর্কে নতুন করে তদন্ত কমিটি বসাতে হবে।

ডঃ সত্যনারায়ণ ফরমোসা থেকে রাশিয়া পর্য্যন্ত অজস্র জায়গায় ঘুরে বেড়িয়েছেন, অজস্র তথ্য সংগ্রহ করেছেন, অগুনতি মানুষের সঙ্গে কথা বলেছেন, প্রত্যক্ষদর্শীদের বক্তব্য শুনেছেন। বিশ্বব্যাপী প্রচার হয়েছে যে ১৮ই আগষ্ট ১৯৪৫ ফরমোসার তাইপেইয়ে নেতাজী প্রাণ হারিয়েছেন। কিন্তু বাস্তবের সঙ্গে এই প্রচারের কোন সম্পর্ক নেই। সেই দিন তাইপেইয়ে আদৌ কোন বিমান দুর্ঘটনাই ঘটেনি! ১৯৪৪ সালের ২৩শে অক্টোবর একটি দুর্ঘটনা ঘটেছিল। কিন্তু তা ছিল দশ মাস আগের ঘটনা। দশ মাস আগে ঘটে যাওয়া সেই দুর্ঘটনার ছবি জাপানী গোয়েন্দা বিভাগ হাবিবুর রহমানের কাছে পাঠিয়ে দেয়। নেতাজীকে হত্যার একটা ষড়যন্ত্র চলছিল, কিন্তু নেতাজী শেষ মুহূর্তে তার ভ্রমণসূচি পরিবর্তন করেন এবং ষড়যন্ত্রীদের চক্রান্ত ব্যর্থ হয়। যথেষ্ট প্রামান্য তথ্য পাওয়া গেছে যে ১৯৪৫ সালের ১৫ই আগষ্টের বহু পরেও নেতাজীকে মাঞ্চুরিয়ার ডাইরেনে জীবন্ত দেখা গেছে। নেতাজী রাশিয়ানদের সাইবেরিয়ার জেলখানায় বন্দী ছিলেন।

এখনও কি তিনি রাশিয়ায় বন্দী আছেন? এবিষয়ে অতি দ্রুত তদন্ত শুরু হওয়া প্রয়োজন! ভারতের এখন তাকে প্রয়োজন। এসব নিয়ে প্রচুর প্রশ্ন রয়ে গেছে। **'নেতাজী রহস্য'** গ্রন্থটিতে রয়েছে সে সব প্রশ্নোত্তরের সূত্র।

১. ফরমোসা দ্বীপের উদ্দেশ্যে নেতাজীর উড়ান

(ক)

১৮ই নভেম্বর ১৯৬৪, এই মুহূর্তে আমি দাঁড়িয়ে আছি ফরমোসা দ্বীপের উপর। প্রচলিত জনশ্রুতি, নেতাজী সুভাষ চন্দ্র বোসের বিমান নাকি এই ফরমোসা দ্বীপের উপরই ভেঙ্গে পড়েছিল ১৯৪৫ সালের ১৮ই আগষ্ট।

২৪শে আগষ্ট ১৯৪৫ সালে এক জাপানী সংবাদ সংস্থাকে উদ্ধৃত করে ভারতীয় সংবাদ মাধ্যম একটি সংবাদ প্রকাশ করে যে ১৮ই আগষ্ট, ১৯৪৫ সালে নেতাজী সুভাষ চন্দ্র বোসের বিমান এক দুর্ঘটনার কবলে পড়ে ফরমোসা দ্বীপের উপরে ভেঙ্গে পড়ে। ১৮ই আগষ্ট ১৯৪৫, এই ফরমোসা দ্বীপের তাইপেই বিমান বন্দর থেকে নেতাজী উড়ান শুরু করেন। গুরুতর আহত অবস্থায় নেতাজীকে একটি জাপানী হাসপাতালে নিয়ে যাওয়া হয় এবং সেখানেই তিনি শেষ নিশ্বাস ত্যাগ করেন। সে সময়ের বৃটিশ ভারতীয় সরকারও সেই সংবাদকে সমর্থন দান করেন।

স্বাধীনতা লাভের পর ভারতের কংগ্রেস সরকারও দিল্লীতে বসে জাপানের প্রচারিত সংবাদটিকে নেতাজীর মৃত্যু সম্পর্কিত প্রামান্য দলিল হিসাবে প্রকাশ করেন। কিন্তু এই সংবাদের সত্যতা সম্পর্কে প্রয়োজনীয় তদন্তের জন্য ভারতীয় জনগণের পক্ষ থেকে প্রবল দাবী ওঠে। জনমতের চাপে প্রধানমন্ত্রী শ্রী জওহরলাল নেহেরু উক্ত সংবাদের সত্যতা সম্পর্কে অনুসন্ধানের জন্য জাপানে একাধিক তদন্তকারী দল পাঠান। কিন্তু তাইপেইএর দুর্ঘটনাস্থলে কোন অনুসন্ধানকারী দল পাঠানো হয়নি। নেতাজীর মৃত্যুর তদন্তের বিষয়ে ভারত সরকারের কঠোর অসহযোগী মনোভাব ভারতের নেতাজীপ্রেমী জনগণকে শুধু ব্যথিতই করেনি, বহু মানুষই ভাবতে শুরু করেছিলেন যে নেতাজীর মৃত্যু সম্পর্কে ভারত সরকারের অনুসন্ধান কমিটির রিপোর্টের বাইরেও অন্য কোন প্রভাব কাজ করছে। এই বিশেষ বিষয়টিকে কেন্দ্র করে

ভারতের জাতীয় স্বার্থেই সরকারের সংগৃহীত সমস্ত নথিপত্র পুনঃপর্য্যালোচনা প্রয়োজন।

(খ)

আমার কাছে ভাবতে অবাক লাগে যে নেতাজীর মৃত্যু সম্পর্কিত রহস্যজনক বিষয়টি নিয়ে আমার আগে ভারতের অন্য কোন ব্যক্তি তাইপেইয়ে এসে এতদ্‌সংক্রান্ত মূল নথিপত্র সংগ্রহ করার চেষ্টা করেননি এবং নেতাজী মৃত্যু রহস্য উদ্ঘাটনের উদ্যোগও গ্রহণ করেননি।

একই সঙ্গে মনে রাখতে হবে যে নেতাজীর মৃত্যু সংক্রান্ত অমিমাংসিত রহস্য ভারতের স্বাধীনতা যুদ্ধের ইতিহাসে এক গুরুত্বপূর্ণ অধ্যায় এবং ভারতের মারাত্বক শত্রু চিনের বিরুদ্ধে লড়াই এর এক বিশাল অনুপ্রেরণা। আমাদের দেশের ভবিষ্যৎ গঠনের প্রশ্নেও নেতাজীর মৃত্যুরহস্য সমাধানের প্রয়োজনীয়তা অসীম।

ভারত থেকে নেতাজীর ঐতিহাসিক অন্তর্ধানকে কেন্দ্র করে আনন্দবাজার পত্রিকা এবং হিন্দুস্থান স্ট্যান্ডার্ড পত্রিকা বিশ্বব্যাপী আলোড়ন সৃষ্টি করেছিল। এই দুটি পত্রিকাই সর্বপ্রথম এই রহস্যের বার্তা ঘোষণা করে। রয়টার পত্রিকা যখন ১৯৪৩ সালে সুভাষ চন্দ্রের মৃত্যুর বার্তা প্রকাশ করে, তখন এই পত্রিকা দুটিই তাদের সংবাদপত্রে শোকবার্তা প্রকাশ করতে অস্বীকার করেছিল। খুব শীঘ্রই সেই মৃত্যুর বার্তা অসত্য প্রমানিত হ'ল। একইভাবে ফরমোসাতে অনুষ্ঠিত তদন্তকার্য্য ১৯৪৫ সালে ঘোষিত জাপানী সংবাদ মাধ্যমের রিপোর্টকেও অসত্য প্রমানিত করল। একইভাবে আমরাও নেতাজীর মৃত্যু সংক্রান্ত শোকবার্তা প্রকাশ করতে আমাদের অস্বীকৃতির কথা ঘোষণা করছি।

(গ)

আমার সামনে দাঁড়িয়ে আছে ৩৬৭৫ ফুট উচ্চ ইউয়েনসান পর্বতমালা। পর্বতের পাদদেশ ধরে বয়ে চলেছে অজস্র বাঁক নেওয়া মনোরম কিলুং নদী। ফরমোসার রাজধানী তাইপেই-এর সামরিক-অসামরিক বিমান বন্দরটির অবস্থান কিলুং নদীর দক্ষিণ পার্শ্বে, বেশ বিস্তৃত এলাকা জুড়ে এই বিমান বন্দর। কিলুং নদীর সেতুর উপর অজস্র বিমান উড়ছে আকাশে, কোনটা অবতরণের জায়গা খুঁজছে, কোনটা বা সদ্য আকাশে উঠে আরও উঁচুতে উঠবার প্রয়াসে ব্যস্ত।

১৯৪৪ সালের ২৩শে অক্টোবরের একটি ঘটনা ছাড়া তাইপেইয়ে সাম্প্রতিক কোন বিমান দুর্ঘটনার রিপোর্ট নেই এবং সেই দুর্ঘটনায় সুভাষ বাবু অবশ্যই মারা যাননি। ফরমোসা সরকারের রিপোর্ট অনুযায়ী ১৮ই আগষ্ট ১৯৪৫ তারিখে আদৌ কোন বিমান দুর্ঘটনা ঘটেনি।

(ঘ)

আমার ভাগ্যই আমাকে ফরমোসা দ্বীপে পৌঁছে দিয়েছে। আমার বিদেশী প্রকাশকেরা টোকিও অলিম্পিকস্ কভার করার জন্য আমাকে একটি বিমানের টিকিট পাঠিয়েছিল। কিন্তু সে টিকিট কলকাতায় আমার কাছে এসে পৌঁছালো অলিম্পিক গেমস শেষ হবার মাস খানেক পর।

যাই হোক এই সুবাদে আমি দূর প্রাচ্যের বেশ কিছু অঞ্চলের সঙ্গে পরিচিত হবার সুযোগ পেলাম যাদের সম্পর্কে আমরা খুব সামান্যই জানি।

(ঙ)

হংকং-এ এসে আমার সামনে একটি বিকল্প ব্যবস্থার সুযাগ এল – আমি সোজাসুজি টোকিও যেতে পারি অথবা ফরমোসা হয়েও যেতে পারি।

এয়ারলাইনেরই আমার এক বন্ধু আমাকে পরামর্শ দিল ফরমোসাগামী মান্দারিন জেট বিমান ধরতে। এভাবেই আমার ফরমোসা পৌঁছানো এবং নেতাজী রহস্যের সূত্র অনুসন্ধানের শুরু।

বিকেল ৩.২০ মিনিটে হংকং থেকে আমাদের বিমান ছাড়ল। সেটি ছিল একটি কনভেয়ার ৮৮০এম জেট লাইনার। ইতিপূর্বে আমি আর এ ধরণের বিমানে চড়িনি। এই বিমানের উড়ান চরিত্র সম্পর্কে আমার আগ্রহ এবং অনুসন্ধিৎসা দেখে বিমান চালক আমাকে ককপিটে ডেকে নিলেন।

বিমানে বসে আমাদের চোখের সামনে ভেসে উঠল মেঘ এবং কুয়াশায় মোড়া নীচের দ্বীপগুলির এক অতি মনোরম সৌন্দর্য্য। এরই মধ্যে সাদা মেঘের চাদরে মোড়া আকাশের এক ফাঁকে উঁকি মারল পেসকাডর গ্রুপের একটি দ্বীপ। আমার মনে পড়ে গেল এক সময় লাল এবং জাতীয়তাবাদী চিনের মধ্যে প্রচুর গোলাগুলি বিনিময় ঘটেছে এই দ্বীপে।

আমার স্মৃতির গভীরে হঠাৎই ভেসে উঠল একটি বাক্যবন্ধ – "There is no such bomb which could kill me"...আমার মনে পড়ে গেল, এই বাক্যবন্ধটি উচ্চারণ করেছিলেন সুভাষ বাবু, যাকে আমরা ভালবেসে ডাকি নেতাজী। মনের পর্দায় ভেসে উঠল সুভাষ বাবুর সঙ্গে আমার প্রাক-যুদ্ধ পরিচিতির কথা। ঠিক সে সময় আমার কানে ভেসে এল পাইলটের ঘোষণা "আমরা তাইপেই বিমান বন্দরে অবতরণ করতে চলেছি।" হঠাৎই বিদ্যুৎ ঝলকের মত আমার মনে হ'ল এটাই বোধহয় সেই জায়গা যেখানে নেতাজীর বিমান ভেঙ্গে পড়েছিল বলে মনে করা হয়ে থাকে।

(চ)

পাইলট বন্ধুটি ডিউটি শেষ হবার পর আমাকে নিয়ে গেলেন গ্র্যান্ড হোটেলে। ওখান থেকে বিমান বন্দরের পারিপার্শ্বটা খুব ভালভাবে দেখা যায়। ওখানে আমাকে ছেড়ে যাবার আগে তিনি আমাকে জিজ্ঞাসা করলেন, তাইপেই-এ

আমি কাউকে চিনি কিনা। আমি তাকে বললাম, জেনারেল পাও নামে একজনকে আমি চিনি। কূটনৈতিক সূত্রে তার সঙ্গে বার্লিনে আমার পরিচয় হয়েছিল।

ইনফরমেশন ডেস্কের কর্মচারীটির কাছে জানা গেল জেনারেল পাও এখন এখানেই আছেন, ফরেন অফিসে কর্মরত। কর্মচারীটি আমাকে আরো জানালো যে সে ফোনে জেনারেলের সঙ্গে যোগাযোগ করে দিতে পারে। চাইলে আমি তার সঙ্গে কথাও বলতে পারি।

আমাকে বেশীক্ষণ অপেক্ষা করতে হ'লনা। একটু পরেই জেনারেল স্বয়ং আমার কাছে এসে হাজির। বার্লিনে থাকার সময় নেতাজীর অন্তর্ধান রহস্য নিয়ে আলাপ আলোচনা করতে করতে একসঙ্গে আমার বহু সময় কেটেছে। জেনারেল পাওকে দেখে আমার সে সব কথা মনে পড়ে গেল। আমি তাকে জিজ্ঞাসা করলাম "এখানে এমন কোন লোকের সাক্ষাৎ পাওয়া যাবে কি যিনি সে দিনের বিমান দুর্ঘটনার চাক্ষুস সাক্ষী?"
তিনি উত্তর দিলেন "তোমার জন্য সে রকম লোক আমরা খুঁজে বের করব।"
"বিমান দুর্ঘটনার কারণ নিয়ে নিশ্চয় ইতিমধ্যে প্রয়োজনীয় তদন্ত হয়েছে?" আমি আবার প্রশ্ন করলাম।
"হ্যাঁ, জাপানীদের তো এ বিষয় নিয়ে ইতিমধ্যে তদন্ত শুরু করার কথা।"
"তাদের তদন্তের কোন রিপোর্ট থাকলে তা পাওয়া সম্ভব হবে কি?"
"সে ব্যাপারেও খোঁজখবর নিতে হবে, তোমার যখন এ বিষয়ে এত উৎসাহ! আমরা একটি বিশেষজ্ঞ দলকে কাজে লাগিয়ে দেবো বিস্তারিত সংবাদ এবং নথিপত্র সংগ্রহের জন্য। আমাদের কাছে হাজার হাজার টন জাপানী কাগজ নিরাপদে সংরক্ষিত আছে বহু দূরে এক গুহার অভ্যন্তরে। আমার সুযোগ আছে সে সব কাগজ নিয়ে ঘাঁটাঘাটি করার। কিন্তু তোমার প্রয়োজনীয় নথিপত্র আবিষ্কারের জন্য আমাদের কিছু সময় লাগবে।"
"আমি সে সব নথিপত্র আমার দেশে নিয়ে যেতে চাইবো।" আমি জেনারেল পাওকে অনুরোধ জানালাম।

"তুমি আমাদের কাছে স্বাগত। তোমার সহায়তার জন্য আমাদের যা যা করা সম্ভব, আমরা তা সবই করব।" আমাকে আশ্বাস দিলেন জেনারেল পাও।

জেনারেল পাও তার দেশের সামাজিক, রাজনৈতিক এবং সামরিক নেতাদের সঙ্গে আমার পরিচয় করিয়ে দিলেন। সে সব গুরুত্বপূর্ণ ব্যক্তিদের তালিকায় ছিলেন প্রেসিডেন্ট জেনারেল চিয়াং কাইশেকও। তার সঙ্গে আমার একটি গোপন বৈঠক হয়, এবং তার পরেই গোয়েন্দা রিপোর্ট সহ জাপানে সংরক্ষিত নেতাজী সংক্রান্ত গোপন তথ্যের দরজা আমার সামনে খুলে যায়। আমার কাজের সহায়ক হতে পারে এমন সব তথ্য পরীক্ষা, পর্য্যবেক্ষণ এবং চিত্রগ্রহণের সব অধিকারও আমার হাতে তুলে দেওয়া হয়। খুব অল্প সময়ের মধ্যেই নেতাজী সংক্রান্ত এমন সব তথ্য এবং নথিপত্র আমার হাতে এসে গেল যা আমি কখনও কল্পনাও করতে পারি নি।

২. উল্লেখিত তারিখে কোন বিমান দুর্ঘটনা ঘটেনি

বন্ধুসুলভ ফরমোসা সরকার আমার কাজের সহায়তার জন্য অত্যন্ত প্রবীণ এবং অভিজ্ঞ একদল ব্যক্তিকে নিয়োজিত করলেন। এদের মধ্যে দু'জন ব্যক্তির নাম বিশেষভাবে উল্লেখযোগ্য। একজন হলেন মিঃ চুয়াং এবং অপর জন মিঃ তাও, যারা যথাক্রমে বিদেশ দপ্তরে এবং সাংস্কৃতিক বিভাগে অত্যন্ত উচ্চ পদে কর্মরত। আমার অনুসন্ধানের কাজে ক্রমে তারা আমার একান্ত ঘনিষ্ট সহযোগী হয়ে উঠলেন।

মিঃ চুয়াং ছিলেন সেনাধিপতি চিয়াং কাইশেকের অত্যন্ত ঘনিষ্ট এবং বিশ্বস্ত মানুষ। তিনি দ্বিতীয় বিশ্বযুদ্ধ চলাকালীন সময়ে চিন সরকারের বিশেষ প্রতিনিধি হিসাবে নয়াদিল্লীতে কর্মরত ছিলেন। চুয়াং-এর বাসস্থান ছিল নয়াদিল্লীর ঝিন্দ ভবনে। মাঝে মধ্যেই তিনি সে সময়ের ভারতীয় রাজনৈতিক ব্যক্তিত্বদের সঙ্গে যোগাযোগ রাখতেন। কিন্তু তার প্রধান কাজ ছিল চিনা এবং বৃটিশ গোয়েন্দা দপ্তরের সঙ্গে সামরিক এবং অসামরিক স্তরে নিয়মিত যোগাযোগ রক্ষা করা।

তিনি গাড়ী চালিয়ে আমাকে তাইপেই-এর গ্র্যান্ড হোটেলে নিয়ে এলেন, সেখানে হোটেলেরই অভ্যন্তরে টেনিস কোর্টে নিয়ে এসে আমাকে বললেন, "এই হচ্ছে সেই জায়গা যেখানে তাইপেই-এর ইতিহাসে একমাত্র বিমান দুর্ঘটনাটি ঘটেছিল।"
"কবে ঘটেছিল সেই দুর্ঘটনা?" জানতে চাইলাম আমি।
"অক্টোবর ১৯৪৪। টোকিওর সময় অনুযায়ী তখন বেলা দুটো।"
"তাহলে জাপানী সংবাদ সংস্থার রিপোর্ট অনুযায়ী তারিখটা ১৮ই আগষ্ট, ১৯৪৫ নয়?" আমি নিশ্চিত হতে চাইলাম।
"সে সংবাদ সম্পূর্ণ মিথ্যা। আমি তোমাকে যে দুর্ঘটনার কথা বললাম, সেটা ছাড়া তাইপেইয়ে আর কোন বিমান দুর্ঘটনা ঘটেনি।"
"তুমি এত নিশ্চিত হলে কি করে?"

"সে সময় আমার পোষ্টিং ছিল নয়াদিল্লীতে। জাপানী সংবাদ সূত্র সে সময় প্রচার করে যে তাদের একটি বিমান, যেটা শেষ বার ক্যান্টন থেকে আকাশে ওড়ে, সেটাই দুর্ঘটনার মুখে পড়ে এবং সেই বিমানেই ছিলেন ভারতীয় নেতা সুভাষ বোস। তার সঙ্গে ছিল প্রচুর পরিমান সোনা এবং অলংকার।"

"তুমি কি নিশ্চিত যে সেই দুর্ঘটনা ঘটেছে ২৫ অক্টোবর ১৯৪৪, ১৮ই আগষ্ট ১৯৪৫ নয়?" চুয়াংকে আমার প্রশ্ন।

"আমি একশ শতাংশ নিশ্চিত। অত্যন্ত নির্ভরযোগ্য সূত্রের মাধ্যমে আমি এ বিষয়ে বারংবার পরীক্ষা করে দেখেছি।"

"বিষয়টা একটু খুলে বলা যায়?"

আমার প্রশ্নের জবাবে চুয়াং বললেন "যুদ্ধের সময় আমরা বৃটিশদের সঙ্গে এক সাথে কাজ করতাম জাপানীদের বিরুদ্ধে। জাপান অধিকৃত চিনা অঞ্চলে যা কিছু কাজকর্ম হ'ত, তা সবই আমাদের মাধ্যমে। এই কাজে যথাযথ: সাফল্য পাওয়ার জন্য আমরা আমাদের কিছু বিশ্বস্ত অপারেটরকে জাপানীদের মধ্যে ঢুকিয়ে দিতাম। আমাদের এমনি এক ব্যক্তি জাপানী গোয়েন্দা বিভাগে মিশে গিয়ে কাজ করত। তাইপেই-এর বিমান দুর্ঘটনা সম্পর্কেও তদন্তের বিষয়ে সে ব্যক্তি আমাদের বহু গোপন খবর সরবরাহ করেছে। সে এখন এখানেই আছে এবং আমাদের হয়ে কাজ করছে। তোমাকে এখানে আনার আগে আমি তার সঙ্গে বিমান দুর্ঘটনা সংক্রান্ত সমস্ত খুঁটিনাটি নিয়ে বিস্তারিত আলোচনা করেছি। সে ব্যক্তি ষোল আনা নিশ্চিত যে সে আমাদের নয়াদিল্লীতে অক্টোবর ১৯৪৪ তারিখের বিমান দুর্ঘটনা সম্পর্কে যে খবর পৌঁছে দিয়েছে, তার বাইরে আর কোন বিমান দুর্ঘটনা ঘটেনি। জাপানী সেনা বাহিনীর তাইপেই দখল করা থেকে আবার তাইপেইকে পুনরুদ্ধার করা পর্য্যন্ত সমস্তটা সময়ই সে তাইপেই-এ উপস্থিত ছিল।"

"তুমি সেই বিমান দুর্ঘটনা সম্পর্কে যা জানো, তার একটা পূর্ণাঙ্গ বিবরণ পেলে ভাল হ'ত!" আমি চুয়াংকে অনুরোধ করলাম।

"বিমান দুর্ঘটনার পর ঘটনা সম্পর্কে অবহিত বহু মানুষই কিন্তু মতামত প্রকাশ করেছে যে ওই বিশাল পরিমাণ সোনাদানা নিয়ে বিমানে ওঠা নেতাজীর পক্ষে খুবই বোকার মত কাজ হয়েছে। এই দ্বীপে একটি অতি ভয়ানক দুর্বৃত্ত দল আছে। নেতাজীর সঙ্গে থাকা বিশাল পরিমাণ সম্পদ

কোনওভাবে সেই দুর্বৃত্ত দলের দৃষ্টি আকর্ষণ করে থাকবে। তারাই বিমানের ক্রুদের সঙ্গে যোগাযোগ করে এই দুর্ঘটনা ঘটিয়ে থাকতে পারে।"

"তার মানে তুমি বলতে চাইছ যে নেতাজীর সম্পদ লুঠ করার জন্য এটা দুর্বৃত্তদের একটা চক্রান্ত?"

"এটা যে একটা ষড়যন্ত্র, এ বিষয়ে আমি নিশ্চিত। ঠিক এ জায়গাতেই জাপানের একটা সদ্য নির্মিত মন্দির ছিল। এই মন্দির উদ্বোধন উপলক্ষে ২৫শে অক্টোবর ১৯৪৪ এক বিরাট সমারোহের আয়োজন করা হয়েছিল। কিন্তু তার ঠিক দু'দিন আগে সোনা এসে পৌঁছানোর ব্যাপারে আগাম বার্তা দেবার জন্য একটি প্লেন মন্দিরের ঠিক উপর দিয়ে উড়ে যাচ্ছিল। খুব নীচু দিয়ে ওড়ার ফলে মন্দিরের চূড়ার সঙ্গে বিমানটির ধাক্কা লাগে। তৎক্ষনাৎ বিমাটিতে আগুন ধরে যায় এবং সেটি মাটিতে ভেঙ্গে পড়ে। সমস্ত মন্দিরটি পুড়ে ছাই হয়ে যায়। একজন মানুষও বেঁচে ছিলনা।"

"তুমি কি নয়াদিল্লীতে এই রিপোর্টই পেয়েছিলে?" আবার আমার প্রশ্ন।

"হ্যাঁ, ঠিক এই রিপোর্টই আমি নয়াদিল্লীতে পেয়েছি এবং বারবার আমি সেখানের বৃটিশ গোয়েন্দা দপ্তরের বয়ানের সঙ্গে মিলিয়ে দেখেছি।"

"কিন্তু আমার তো মনে পড়েনা যে এমন কোন রিপোর্ট আমি কাগজে দেখেছি।"

শুল্ক বিভাগ হয়ত এই রিপোর্ট জনসমক্ষে আনার আগে কোন সুবিধাজনক সময়ের অপেক্ষা করছিল, যার ফলে দূর প্রাচ্যে চলমান যুদ্ধের গতি প্রকৃতি আমূল পাল্টে যেতে পারত।

এ এক অদ্ভুত আশ্চর্য্যকর কাহিনী। যে দুর্ঘটনা ঘটেছিল ১৯৪৪ সালের অক্টোবর মাসে, এবং যে দুর্ঘটনাগ্রস্থ প্লেনে সুভাষ বাবু আদৌ ছিলেনই না, যুদ্ধের শেষে সেই মিথ্যা ঘটনার কথাই ভারতের জনগণের মধ্যে প্রচার করে দেওয়া হ'ল। ভারতের জনগণ জেনে গেল যে তাদের সর্বকালের সর্বশ্রেষ্ঠ স্বাধীনতা যোদ্ধার প্রয়াণ ঘটল এ'রকম মর্মান্তিক ভাবে।

চুয়াং আমাকে গ্র্যান্ড হোটেলের ভোজনকক্ষে নিয়ে গেল। সেখানে আবার তার কথা শুরু হ'ল, "বৃটিশ গোয়েন্দা রিপোর্টের মধ্যে কিছু গন্ডগোল তো নিশ্চয়ই আছে। সুভাষ বাবুর মৃত্যু সম্পর্কিত প্রকৃত সত্য বৃটিশ গোয়েন্দা রিপোর্টকে বৃটিশ গোয়েন্দা বিভাগ কোন মতেই প্রকাশ করতে চায় না, আজও চাইছেনা। সেই গোপন তথ্য চাপা দেবার জন্য ইচ্ছাকৃতভাবে তারা দশ মাস আগে ঘটে যাওয়া মিথ্যা ঘটনাকে সত্য বলে চালিয়ে দিল, শুধু ভারতবাসীকে বিভ্রান্ত করার জন্য। ভারতের জনগণের মনের মধ্যে গেঁথে গেল তাদের প্রিয় নেতাজীর অন্তিম পরিণতির মিথ্যা কাহিনী।"
"প্রকৃত দুর্ঘটনার বিষয়ে তোমার রিপোর্ট বৃটিশ গোয়েন্দা বিভাগের লুকিয়ে রাখা প্রকৃত সত্যকে উদ্ঘাটন করার পক্ষে যথেষ্ট সহায়ক হবে!" চুয়াংকে বললাম আমি।
"সেটা হতেই পারে। প্রয়োজনে তুমি আমার নামও ব্যবহার করতে পারো, আমি তোমাকে সে অনুমতি দিচ্ছি। তুমি যখন প্রকৃত সত্য উদ্ঘাটনে এত আগ্রহী, আমাদের সরকার এই বিমান দুর্ঘটনার বিস্তারিত বিবরণ সহ একটি বিবৃতি প্রকাশ করার সিদ্ধান্ত গ্রহণ করেছে, এবং যত দ্রুত সম্ভব সেটা প্রকাশ করা হবে।"

আমি আমার কোটের পকেট হাতড়ে রুমাল বার করতে গিয়ে একটা দোমড়ানো মোচরানো খবরের কাগজের কাটিং বেরিয়ে এল। অর্দ্ধেক পড়া অবস্থায় কোন সময়ে আমি সেটা পকেটে ঢুকিয়ে রেখেছিলাম আমার কলকাতা - ব্যাংকক বিমান যাত্রার সময়।

ওই পেপার কাটিংটি ছিল মি: হায়াসিদা নামে এক জাপানী ভদ্রলোকের চিঠি, ভারতের বিভিন্ন সংবাদপত্রের সম্পাদকদের উদ্দেশ্যে লেখা। চিঠির তারিখ ২৮শে অক্টোবর ১৯৪৪। হায়াসিদা ওই চিঠিতে ১৯৪৫ সালের বিমান দুর্ঘটনা এবং তাতে নেতাজীর মৃত্যুর বার্তারই পুনরুল্লেখ করেছেন। আমি ফরমোসার তদন্তকারী অফিসার মিঃ তাওয়ের হাতে সেই পেপার কাটিংটি তুলে দিলাম। তিনি পেপার কাটিংটি দেখে মন্তব্য করলেন, "এই ব্যাপারটা অত্যন্ত তাৎপর্যপূর্ণ যে জাপানীরা আবার তাদের পুরানো বক্তব্যেই ফিরে যেতে

চাইছে। একবার যদি ১৯৪৪ সালে ঘটে যাওয়া বিমান দুর্ঘটনার প্রকৃত তথ্য জানা যায়, তাহলে জাপানীরা ছাড়াও বৃটিশ এবং ভারতীয় গোয়েন্দা দপ্তরের কাছেও সেটা একটা বিরাট চ্যালেঞ্জ হয়ে দাঁড়াবে। যুদ্ধকালীন সময়ে সুভাষ বোসের অন্তর্ধানকে নিয়ে ওদের নোংরা কৌশলকে আড়াল করা ওদের পক্ষে যথেষ্ট কঠিন হয়ে উঠবে।"

"আমরা ভারতের মানুষেরা কিন্তু এইসব কৌশলের ব্যাপারে কিছু জানিনা।" আমি বললাম।

"হতে পারে, তবে এর সম্ভাব্য কারণ হচ্ছে যে সরকারী অথবা ব্যক্তিগত, কোন স্তরেই ভারত এবং ফরমোসার মধ্যে কোন যোগাযোগ ছিল না।"

"ভারত কি কখনও সেই বিমান দুর্ঘটনা সম্পর্কে তোমাদের কাছে কোন তথ্য জানতে চেয়েছিল?" জিজ্ঞাসা করলাম আমি।

"না, তোমাদের দেশ থেকে তুমিই প্রথম ব্যক্তি যে সুভাষ বোসের পরিণতি সম্পর্কে কোন তথ্য জানতে চেয়েছো। তবে তুমি যদি বোস সম্পর্কে অনুসন্ধান চালিয়ে যাও, তবে নিশ্চিতভাবে তুমি এই দূর প্রাচ্যে বেশ কিছু নোংরা খেলার সন্ধান পাবে।"

মিঃ তাও-এর মন্তব্য এখন পর্য্যন্ত আমার পড়া নেতাজী সম্পর্কিত সমস্ত তথ্য ও সংবাদকে ছাড়িয়ে গেল। সে রিপোর্ট পড়ার পর আমার মনে হয়েছিল যে সেগুলিও যথেষ্ট বিশ্বাসযোগ্য। কিন্তু সে সব রিপোর্ট ছিল বৃটিশ এবং ভারতীয় গোয়েন্দা বিভাগের দেওয়া তথ্যনির্ভর। নেতাজীর প্রকৃত চরিত্র, জীবন এবং ভূমিকা সম্পর্কে তাদের যেন কোন আগ্রহ ছিল না।

ইউয়েনসান পর্বতমালার ছায়ার তলায়, যেখানে আলোচ্য বিমানটি ভেঙ্গে পড়েছিল, সেখানে দাঁড়িয়ে সদ্য সংগৃহিত তথ্যের আলোকে আমি যেন নেতাজীর মৃত্যু সম্পর্কে প্রকৃত তথ্য এবং সত্যকে আবিষ্কার করতে লাগলাম।

৩. তাইপেইএর বিমান কর্মীদের সাক্ষাৎকার গ্রহণ

আমার ফরমোসার বন্ধুরা যখন পুরানো নথিপত্রের পাহাড় ঘেঁটে নতুন নতুন তথ্য আবিষ্কারে ব্যস্ত, তখন আমিও আমার নিজস্ব পদ্ধতিতে নতুন নতুন সংবাদ খুঁজে বেড়াতে লাগলাম।

প্রেসিডেন্ট হোটেল তাইপেই-এর সব থেকে বড় হোটেল। সেই হোটেলের দশতলার জানালা দিয়ে আমি খুব মনোযোগের সঙ্গে আকাশে বিমানের চলাচল দেখছিলাম। যে কোন প্লেন ওঠা-নামা করতে গেলে ইউয়ানসান পর্বতমালার গা ঘেঁষে যেতে হয়। এখন পর্য্যন্ত কারণ হিসাবে জানা গেছে যে ১৯৪৪ সালে দুর্ঘটনায় পড়া বিমানের চালক চিনা-জাপানী দুর্বৃত্ত দলকে যখন সাবধান করার চেষ্টা করছিল, তখন অসাবধানতা বশতঃ বিমানটি জাপানী মন্দিরের চূড়ায় ধাক্কা মারে।

এখন আমার মনে পড়ে গেল যে ১৯৪৫ সালের বিমান দুর্ঘটনার বৃত্তান্ত, যা ভারতীয় সংবাদপত্রে প্রকাশিত হয়েছিল, তা ছিল উপন্যাসের গল্পের মত সাজানো কাহিনী। সে কাহিনীতে বলা হয়েছিল যে বিমানটি আকাশে উড়বার পর হয়ত কোন পাখী এসে বিমানের প্রপেলারে ধাক্কা মেরে থাকবে, আর তার ফলেই বিমানটিতে ৩০০ ফুট উচু থেকে পাহাড়ের গায়ে ভেঙে পড়ে। বিমানটিতে তৎক্ষনাৎ আগুন লেগে যায়। সাতজন যাত্রী সেই বিমান থেকে কোনমতে বেঁচে যায়। নেতাজীর মাথায় গভীর আঘাত লেগেছিল, মাত্র ছয় ঘন্টা বেঁচে থাকার পর তিনি মারা যান।

আরো কিছু তথ্যের খোঁজে আমি চলে গেলাম সোয়া মাইল দূরে সুংসান বিমান বন্দরে, যদি সেখানে কোন নতুন খবরের সন্ধান পাওয়া যায়। সেখানের অ্যারোড্রোম অফিসার আমাকে জানালেন যে বর্তমানের এই আন্তর্জাতিক বিমান বন্দরটি ১৯৪৫ সালে একটি মিলিটারী বিমান ক্ষেত্র ছিল। এর রানওয়েটি ছিল মাত্র ৫০০০ ফিট লম্বা। এখানে বিমানের ওঠা নামা শুরু

হ'ত মাত্র ৯ ডিগ্রী থেকে। এই সংবাদটি আমার বুঝবার পক্ষে যথেষ্ট ছিল যে আমরা যে বিমানটির কথা আলোচনা করছি, সেটি কোন মতেই এখানে দুর্ঘটনায় পড়তে পারেনা। কারণ, যে বিমানবন্দর থেকে বিমানটি উড়েছিল, তার পিছনে খুব কাছাকাছি ছিল কিছু পাহাড় শ্রেণী। কিন্তু কোন বিমানই পিছন দিকে ছোটেনা। আর সামনের দিকে পাহাড়ের অবস্থান বেশ কয়েক মাইল দূরে। অতএব সেখানেও ধাক্কা লাগার সম্ভাবনা নেই।

এই বিমান বন্দরটির কোন কর্মীই এ'রকম কোন বিমান দুর্ঘটনার কথা জানত না, কখনও শোনেওনি। কিন্তু অ্যারোড্রোম অফিসারটি আমাকে পরামর্শ দিলেন যে আমি লুংসান বৌদ্ধ মন্দিরে গিয়ে খোঁজ করে দখতে পারি। সেখানে কয়েকজন অবসরপ্রাপ্ত বিমানকর্মী থাকেন। তাদের কাছে কিছু সংবাদ পাওয়া যেতে পারে।

লুংসান বৌদ্ধ মন্দরটি তাইপেই-এর ভৌগলিক সীমার মধ্যে অবস্থিত। সোনালী রং-এ মোড়া বিভিন্ন মূর্ত্তি এবং নানা খোদাই করা কারুকার্য্য খচিত ২৩০ বছরের প্রাচীন এই মন্দরটি অপূর্ব স্থাপত্যকলায় সুসজ্জিত। একজন বৌদ্ধ পূজারী এক দেবী মূর্ত্তির সামনে হাঁটু মুড়ে বসে অবনত মস্তকে প্রার্থনা করছিলেন। সেই দেবী মূর্ত্তি নাকি চিনাদের মত অনুযায়ী দয়ার দেবী, নাম কুয়ান-ইন।

প্রার্থনা শেষে সেই ব্যক্তি যখন যাবার জন্য প্রস্তুত হচ্ছেন, তখন আমি তাকে জিজ্ঞাসা করলাম, তিনি তাইপেই বিমান বন্দরের কোন অবসরপ্রাপ্ত প্রাক্তন কর্মচারী কিনা।

"হ্যাঁ, আমি সমগ্র যুদ্ধকালীন সময়ে জাপানী বিমান বন্দরে এয়ারপোর্ট ফায়ার ব্রিগেডের কর্মচারী হিসাবে কাজ করেছি।"

"আপনার চাকরী করাকালীন সময়ে কোন বিমান দুর্ঘটনার কথা কি আপনার মনে আছে?" আমি জানতে চাইলাম।

"হ্যাঁ, ১৯44 সালের অক্টোবর মাসে একটা দুর্ঘটনা ঘটেছিল। কিন্তু সেটা ঘটেছিল কিছু জাপানী দুর্বৃত্ত-লুঠেরার কারণে। সেই বিমানে কিছু সোনা দানা

চালান যাচ্ছিল। লুঠেরাদের উদ্দেশ্য ছিল সে সব সোনাদানা লুঠ করা। সে সময়টা আমাদের খুব খারাপ গেছে। ইউয়ানসান পাহাড়ের উপর সদ্য নির্মিত জাপানী মন্দিরটা পুড়ে সম্পূর্ণ ধ্বংস হয়ে গিয়েছিল। সেই ধ্বংসাবশেষের মধ্য থেকে সোনা দানা খুঁজে বার করার জন্য জাপানীরা শত শত লোক লাগিয়েছিল। আমাদের এই দ্বীপে তুমি এই দুর্ঘটনার বহু চাক্ষুষ সাক্ষী খুঁজে পাবে। চেষ্টা করলে এই তাইপেই-এই বেশ কয়েক ডজন সাক্ষী খুঁজে পাওয়া যাবে।"

"১৯৪৫ সালের আগষ্ট মাসে কি আর কোন বিমান দুর্ঘটনা ঘটেছিল?"

"১৯৪৫ সালে অন্য কোন বিমান দুর্ঘটনার কথা আমি কখনও শুনিনি। সে রকম কিছু হ'লে আমি নিশ্চয়ই জানতে পারতাম, কারণ কোন বিমান দুর্ঘটনা ঘটলে আমরা ফায়ার ব্রিগেডের কর্মীদেরই সকলের আগে ঘটনাস্থলে ছুটে যেতে হয়।"

মন্দিরের মধ্যে কুয়ানিন ছাড়াও আর এক সমুদ্র দেবীর মূর্তি প্রতিষ্ঠিত ছিল। আর একজন ভক্ত সেই দেবীর সামনে প্রার্থনা করছিলেন। ফায়ার ব্রিগেডের প্রাক্তন কর্মী আমার সেই বন্ধুটি আমাকে সেই ভক্তের সঙ্গে পরিচয় করিয়ে দিলেন, "এ হল আমার বন্ধু ইউ। যুদ্ধের সময় ইনি প্লেনে তেল ভরার কাজ করতেন। ইনি হয়ত তোমাকে কিছু সাহায্য করতে পারবেন।"

ইউও একমাত্র ১৯৪৪ সালের দুর্ঘটনা ছাড়া আর কোন ঘটনার কথা মনে করতে পারলেন না। যাই হোক, তিনি আমাকে প্রশ্ন করলেন, "১৯৪৫ সালে দুর্ঘটনায় পড়া বিমানটি কোথা থেকে যাত্রা শুরু করেছিল জানো?"

"শুনেছি, সে বিমানটি ১৮-ই আগষ্ট সাইগন থেকে যাত্রা শুরু করেছিল।"

"সে বিমান কখন তাইপেই-এ ভেঙ্গে পড়ল?" ইউ আমার কাছে জানতে চাইলেন।

"লোকমুখে শোনা, সে দিনই বেলা দু'টোর সময় বিমানটি দুর্ঘটনায় পড়েছিল।"

একটু ভাবলেন ইউ, তারপর বললেন, "সে সময়ে সাইগন-তাইপেই-এর কোন সরাসরি বিমান উড়ান ছিল কিনা, এবং এত তাড়াতাড়ি সেটা তার গন্তব্যে পৌঁছে গেলই বা কি করে, সে বিষয়ে আমার যথেষ্ট সন্দেহ আছে।"

"সাইগন থেকে তাইপেইয়ে সাধারণতঃ ওই সব বিমান কি ভাবে আসে?"

"বেশীরভাগ সময়েই ওরা মাঝপথে ক্যান্টনে তেল ভরে।"

আমি বললাম, "কিন্তু সাইগন এবং তাইপেই-এর মধ্যে উড়ানের মাঝপথে বিমান অবতরণের কথার কিন্তু উল্লেখ নেই কোথাও।"

"সেটা একটা অদ্ভুত ব্যাপার! কিন্তু ওই বিশেষ বিমানটি নিয়ে তোমার এই কৌতূহল এবং অনুসন্ধিৎসার কারণ কি বলতো?"

"আমাদের ভারতবর্ষের মহান নেতা সুভাষ বোস এই তাইপেই বিমান দুর্ঘটনায় নিহত হয়েছেন বলে সংবাদ।"

"কিন্তু আমি যত দূর মনে করতে পারি তোমাদের সুভাষ বোস ১৯৪৪ সালের অক্টোবর মাসে বিমান দুর্ঘটনায় মারা গেছেন।"

"আপনি কি ভাবে জানলেন সে কথা?" আমার প্রশ্ন।

"যে সব জাপানী লুঠেরার দল বোসের সব সোনা লুঠ করেছিল, তারা তো প্রকাশ্যেই এই দুর্ঘটনায় বোসের মৃত্যুর কথা বলে বেড়িয়েছে।"

আমরা তিনজন বুদ্ধ মূর্তির সামনে দাঁড়িয়ে প্রার্থনা করলাম। ১৯৪৪ সালের বিমান দুর্ঘটনায় আমাদের প্রিয় নেতাজী আদৌ মারা যাননি জেনে আমার দুই বন্ধু আন্তরিক আনন্দ প্রকাশ করলেন। আমি তাদের জানালাম, ভারতে নেতাজীর বহু সংখ্যক ফটোগ্রাফ, চিঠি, লাইভ ব্রডকাস্টের টেপরেকর্ড আছে যাতে প্রমাণিত হয় যে ১৯৪৫ এর আগষ্ট মাস, দূর প্রাচ্যে যুদ্ধের শেষ দিন পর্য্যন্ত সুভাষ বাবু বেঁচে ছিলেন।

পূর্ব ব্যবস্থা অনুযায়ী মিঃ তাওও আমার সঙ্গে দেখা করার জন্য মন্দিরে এসে উপস্থিত হলেন। তিনি আমার জন্য কিছু গুরুত্বপূর্ণ সংবাদও নিয়ে এলেন। তিনি জানালেন "আমি যুদ্ধকালীন নয়া দিল্লীর কূটনৈতিক এবং সামরিক মিশনের বেশ কিছু কাগজপত্র ঘেঁটে দেখেছি। তাতে নিঃসন্দেহে প্রমাণিত হয় যে বৃটিশ গোয়েন্দা দপ্তর সুভাষ বোসের প্রাণ নাশের জন্য আপ্রাণ চেষ্টা

চালাচ্ছিল। সে কারণেই তারা তাইপেই-এ অর্থের বিনিময়ে বেশ কিছু ষড়যন্ত্রকারীকে নিয়োগ করেছিল। তাদের দায়িত্ব ছিল, যে প্লেনটিতে সুভাষ বসুর টোকিও যাবার কথা ছিল, সেটিকে মাটিতে পেড়ে ফেলা। কিন্তু শেষ পর্য্যন্ত নেতাজীর ভ্রমণসূচিতে কিছু পরিবর্তন ঘটে। পূর্ব পরিকল্পনা অনুযায়ী বেশ কিছু সোনা দানা টোকিয়োতে নিয়ে যাবার জন্য তাইপেই থেকে সেই প্লেনে তুলে দেওয়া হয়। সে সব সোনাদানা দক্ষিণ-পূর্ব এশিয়া থেকে জাপানী সেনাবাহিনী লুঠ করেছিল। আমাদের গুপ্তচরেরা ধরেই নিয়েছিল যে নেতাজীও সোনাদানার সঙ্গে ওই বিমানে ভ্রমণ করছেন। অতএব আমাদের রেকর্ডেও নথিবদ্ধ হয়ে গেল যে ২৩শে অক্টোবর ১৯৪৪ সালের বিমান দুর্ঘটনায় নেতজী মারা গিয়েছেন।"

"এই তথ্য নয়াদিল্লীর পক্ষে নিশ্চয়ই এক বিরাট হতাশার কারণ!" আমি বললাম।

"নিশ্চয়ই! বোস ছিলেন বৃটিশদের সব থেকে বড় শত্রু। যুদ্ধের শেষ দিন পর্য্যন্ত ওরা সুভাষ বোসের পিছনে লেগে ছিল।"

"এটাই তো বৃটিশদের স্বাভাবিক প্রতিক্রিয়া হবার কথা" আমি বললাম। "কিন্তু এখন আমাদের কাজ হচ্ছে ১৮ই আগষ্ট ১৯৪৫ সাইগন থেকে নেতাজী প্লেনে ওঠার পর থেকে ঠিক কি কি ঘটেছিল তা খুঁজে বার করা।"

আমার কথার উত্তরে মিঃ তাও বললেন, "যাই হোক না কেন, একটা বিষয়ে আমরা এখন নিশ্চিত যে সেদিন এখানে কোন বিমান দুর্ঘটনা ঘটেনি। সুতরাং সে বিমানে বোসের মৃত্যুর কোন প্রশ্নই ওঠেনা। সৌভাগ্যক্রমে ১৯৪৪ সালের বিমান দুর্ঘটনায় তিনি বেঁচে গেছেন। কিন্তু বৃটিশ গোয়েন্দা বিভাগ কারসাজি করে রটিয়েছে যে ১৯৪৫ সালের আগষ্ট মাসে বিমান দুর্ঘটনায় তাঁর মৃত্যু ঘটেছে।"

"কিন্তু এ ধরণের কারসাজির প্রয়োজন হ'ল কেন?" আমার কৌতূহলী প্রশ্ন।

"নিজেদের অপরাধ গোপন করার জন্য" মিঃ তাওয়ের দৃঢ় প্রত্যুত্তর।

"কিন্তু সেই অপরাধের সমস্ত তথ্য আমাদের খুঁজে বার করতে হবে।"

অত্যন্ত প্রত্যয়ী কণ্ঠে মিঃ তাও জানালেন, "সুভাষ বোস সংক্রান্ত সব কাগজপত্র যখন আমরা প্রকাশ করব, তখন নয়াদিল্লীতে মহা হট্টগোল শুরু

হবে। কিন্তু যাই ঘটুক না কেন, আমরা এই মৃত্যুঞ্জয়ী মানুষটির সম্পর্কে প্রকৃত সত্যকে যে কোন মূল্যে খুঁজে বার করব।”

৪. যুদ্ধ সম্পর্কে নেতাজীর ধারণা

আমাদের সময়ে এমন কোন ভারতীয় ছিলেন না যিনি মৃত্যুকে অস্বীকার করে এমন বিপজ্জনক ভাবে বেঁচে থেকেছেন, যেমনটি করেছেন নেতাজী সুভাষ চন্দ্র বোস।

বৃটিশরা তাদের ভারত শাসনের শেষ কয়েক বছরে এই মহান মানুষটির স্বাধীনভাবে নিঃশ্বাস নেবার অধিকার পর্য্যন্ত কেড়ে নিয়েছে। ভারতের জাতীয়তাবাদী চেতনার পথিকৃৎ এই মানুষটি তার স্বপ্নকে বাঁচিয়ে রাখার জন্য আমৃত্যু সংগ্রাম করেছেন।

বৃটিশ সাম্রাজ্যবাদী শক্তির অহংকার ও প্রতাপ যখন শীর্ষদেশে, তখন নেতাজী মাথা উঁচু করে রুখে দাঁড়িয়েছিলেন সেই দানবীয় শক্তির বিরুদ্ধে। সেই দানবের পতন ঘটেছে, তবে একটা সান্ত্বনা নিয়ে তাদের পতন ঘটেছে যে তাদের চিরশত্রু সুভাষও আর বেঁচে নেই।

বৃটিশরাজের মৃত্যুকে তো উপলব্ধি করা গেছে, চাক্ষুষ দেখা গেছে, কিন্তু নেতাজীর মৃত্যুর কোন প্রামাণ্য সত্যতা আজও আবিষ্কৃত হয়নি। বলা বাহুল্য আজও তার আত্মা বেঁচে আছে অনির্বাণ আলোক শিখার মত। সূর্যের প্রথম আলোক শিখা যখন ইউয়ানসান পর্বতের মাথার উপর সোনার মুকুট পরিয়ে দিয়েছে তখন আমি একটা সি-৪৭ বিমানে বসে প্রকৃত পরিবেশটা পর্য্যবেক্ষণ করছি, যেখানে বৃটিশ সাম্রাজ্যবাদী শক্তির বিরুদ্ধ নেতাজীর শেষ যুদ্ধ চলছিল।

কর্ণেল ইয়ে ছিলেন আমাদের বিমান চালক। তিনি আমাকে ডেকে নিয়ে কো-পাইলটের আসনে বসালেন। আমাদের গন্তব্যস্থল এখন কিনমেন দ্বীপপুঞ্জ। তিনি বিমানকে অটো পাইলটে সেট করে আলাপচারীতা শুরু করলেন।
"আপনি কখন প্রথম এই দ্বীপে আসেন কর্ণেল?" আমি জিজ্ঞাসা করলাম।

"যখন জাপানীদের হাত থেকে এই বিমান বন্দর অধিগ্রহণের জন্য প্রথম বিমান চালক দলটি এখানে আসে, তখন সেই দলের সঙ্গে আমিও এসেছিলাম।"

"তখন কি এই দ্বীপে খুব ঝামেলা চলছিল?" আমি আবার প্রশ্ন করলাম।

"ঠিক তা নয়। এই কাজে যোগ দেবার আগে আমি মিলিটারী বিভাগে রাষ্ট্রদূতের সহযোগী ছিলাম। বৃটিশরা যখন ভারত ছেড়ে যায়, তখন আপনারা যে রকম ঝামেলার মধ্যে ছিলেন, জাপানীরা এ দ্বীপ ছেড়ে যাবার সময় আমরাও ঠিক সে রকম ঝামেলার মধ্যে ছিলাম।"

"তা হ'লে সে সময়ের অনেক সামরিক উত্থান পতন এবং পরিবর্তনের প্রত্যক্ষ সাক্ষী থাকার সুযোগ হয়েছিল আপনার?"

"নয়া দিল্লীতে থাকার সময় আমার ধারণা হয়েছিল যে জাতীয় জীবনে আপনারা সামরিক বিষয়টিকে তেমন গুরুত্ব দিয়ে ভাবেন না। আপনাদের নেতৃত্ব যে কোন মূল্যে সশস্ত্র যুদ্ধকে এড়িয়ে চলতে চান, এমনকি তা যদি দেশের স্বাধীনতার মত গুরুত্বপূর্ণ বিষয় হয়, তাহলেও এটাই আপনাদের নীতি।"

"ঘটনাটা কিন্তু তাই।" আমি বললাম।

"আমার মনে আছে, সে সময় একটি মাত্র মানুষ, যিনি বৃটিশদের ভারত থেকে তাড়াবার জন্য অস্ত্র হাতে তুলে নিয়েছিলেন, তিনি হলেন আপনাদের নেতাজী সুভাষ চন্দ্র বোস। আর তার মূল্য দিতে গিয়ে কি কষ্টই না তাকে করতে হয়েছে!"

"আপনি কি নেতাজীর সে রকম কোন কাজের বিসদ বিবরণ কিছু জানেন?" বিমান চালক বন্ধুকে জিজ্ঞাসা করলাম আমি।

"নিশ্চয়ই জানি। সে সময় আমাকে আমার কাজের রিপোর্ট দিতে হ'ত তৎকালীন চুংকিং সরকারের কাছে। সে সময় বৃটেন জাপানের বিরুদ্ধে যুদ্ধে লিপ্ত ছিল, এবং আমরাও সামরিক অভিযান এবং পরিকল্পনার প্রশ্নে পরস্পরের সঙ্গে সমন্বয় রেখে চলতাম। তখন সুভাষ বোস ছিলেন আমাদের সামনে সর্ববৃহৎ প্রতিবন্ধকতা। আমরা তাকে আমাদের দশ কিংবা পনেরটা ডিভিশনের সমপরিমাণ গুরুত্ব এবং মর্য্যাদা দিতাম। তিনি আমাদের শত্রু

ছিলেন, কিন্তু তথাপি আমি তাকে দক্ষিণ পূর্ব এশিয়ার সর্বশ্রেষ্ঠ সামরিক নেতা বলে শ্রদ্ধা করতাম।"

"নেতাজীর কোন বিষয়টি আপনাকে সব থেকে বেশী প্রভাবিত করেছিল?"

"সামরিক পরিভাষায় যাকে বলে concept of absolute war বা সম্পূর্ণ যুদ্ধের ধারণা, সুভাষ বোসের মধ্যে সেই মহৎ গুণের প্রকাশ ঘটেছিল। তিনি হয়ে উঠেছিলেন জাতীয় যুদ্ধে আপসহীন যোদ্ধা। তার এই যুদ্ধ সংক্রান্ত ভাবনার শেষ লক্ষ ছিল জাতীয় বিজয়, তা সে যত কঠিন কিংবা দীর্ঘই হোক না কেন। এই একই যুদ্ধ আমরা আজও লড়ে যাচ্ছি আমাদের দেশের প্রধান অংশকে মুক্ত করতে, যেখানে কম্যুনিষ্ট লুঠেরারা ক্রমাগত ধারাবাহিকভাবে আমাদের মুক্তিকামী সতীর্থদের হত্যা করে চলেছে।"

"মিঃ ইয়ে, আপনি কি বলবেন, আমাদের নেতাজী যে ধরণের যুদ্ধে বিশ্বাস করতেন, তার বিশেষত্বটা কি?"

"আপনাদের নেতাজী বিশ্বাস করতেন যুদ্ধশেষে জাতীয় বিজয়ই শেষ কথা। সেই বিজয়কে অর্জন করতে গেলে সমগ্র দেশ এবং জাতিকে ঐক্যবদ্ধ হতে হবে এবং যুদ্ধের জন্য প্রস্তুত হতে হবে। এছাড়া রাজনৈতিক কৌশল এবং কূটনৈতিক কর্মকান্ড – সবারই একমাত্র লক্ষ হবে যুদ্ধশেষে চূড়ান্ত বিজয় অর্জন করা। এই যুদ্ধে আমরা দেখেছি সমগ্র দক্ষিণ পূর্ব এশিয়ার বিভিন্ন ভূখন্ড পৃথকভাবে নিজের নিজের মত করে বিজয় হাসিল করার চেষ্টা করেছে। তাতে উল্লেখযোগ্য ফল কিছু হয়নি, শুধু ভারতবর্ষ, চিন, জাপান এবং বিশ্বের অন্যান্য দেশগুলির আপসে স্বাধীন জাতীয় সরকার গঠন ছাড়া।"

"সে তো বেশ ভাল কথা!" আমি বললাম।

"এই যুদ্ধের ফলে না এসেছে আত্মসমর্পন, না এসেছে বশ্যতা স্বীকার। এর ফলে বোস এবং জাপানের সামরিক নেতাদের মধ্যে সংঘাত সৃষ্টি হয়েছে। যুদ্ধের শেষ পর্য্যায়ে দক্ষিণ পূর্ব এশিয়ার অন্যান্য দেশগুলিও এই সংঘাতের অংশীদার হয়ে পড়েছিল। বোস কোনমতেই আত্মসমর্পনের পক্ষপাতী ছিলেন না, এবং আমরা যতদূর জানি, তিনি আত্মসমর্পণ করেনওনি।"

"তা হ'লে শেষ পর্য্যন্ত নেতাজী সুভাষের কি হ'ল?"

"সেটা জানতে হলে আপনাকে উদ্ধার করতে হবে বৃটিশ, জাপান এবং জাতীয়তাবাদী চিনের গোয়েন্দা দপ্তরের গোপন রেকর্ড। আপনাকে আমরা এ

ব্যাপারে সাহায্য করব। আমাদের সরকার যখন তাদের সংগৃহীত দলিল দস্তাবেজ প্রকাশ করবে তখন আমরা কোন নিশ্চিত পরিণতিতে পৌঁছাতে পারব।"

কিনমেন দ্বীপ এবং চিনের মূল ভূখন্ডের কিছু অংশ আমাদের নজরে এল। কর্ণেল সাহেব সেদিকে অঙ্গুলি সংকেত করে মৃদু হেসে আমাকে বললেন, "এই হচ্ছে সেই জায়গা যেখানে নেতাজী সুভাষ বোসের যুদ্ধ ভাবনা বাস্তবে রূপায়িত হচ্ছে।"

"কি ভাবে?" আমার প্রশ্ন।

"আপনাকে আগেই বলেছি, হিংস্র চিকাম (চিনা কম্যুনিষ্ট পার্টি) এর কাছে আমরা আত্মসমর্পণ করিনি। এই দ্বীপে কি অদ্ভুতভাবে মানুষ বেঁচে আছে, আপনারা ভারতের মানুষেরা কিছুই জানেননা। এখানে আমাদের সমগ্র জনসংখ্যা মাত্র ১২ মিলিয়ন। এখানের চিকাম গোষ্ঠীর লোকেরা আমাদের মূল ভূখন্ডের ৭০০ মিলিয়ন মানুষকে তাদের নির্দ্দেশ অনুযায়ী ভ্রান্ত পথে চালিত করতে চায়। তাদের ক্রমাগত চাপের মুখে আমরা ১২ মিলিয়ন মানুষ কোনমতে আমাদের অস্তিত্বকে টিকিয়ে রাখার চেষ্টা করে চলেছি। কিন্তু চিকামদের নিষ্ঠুরতম ভীতি প্রদর্শনের পালা আজও চলছে।"

"আপনারা নিঃসন্দেহে অত্যন্ত সাহসী জাতি!" আমি মন্তব্য করলাম।

"আপনারা হিমালয় অঞ্চলে চিনা কম্যুনিষ্টদের কাছে একবার যুদ্ধে পরাজিত হয়েছেন ১৯৬২ সালে। কিন্তু তারপর আপনারা আপনাদের লুণ্ঠিত ভূখন্ডকে ফিরিয়ে আনার জন্য কোন প্রতিযুদ্ধে প্রবেশ করেননি। অথচ আমাদের দিকে তাকিয়ে দেখুন, আমাদের ভূখন্ড আপনাদের তুলনায় অনেক ছোট, কিন্তু যে কোন সুবিধাজনক মুহূর্তেই আমরা তাদের বিরুদ্ধে প্রতিআক্রমণের জন্য প্রস্তুত। ভাবতে আশ্চর্য্য লাগে, আপনারা সুভাষ বোসকে ভুলে গেছেন, অথচ আমরা এখানে তার যুদ্ধ ভাবনাকে অনুসরণ করেই প্রত্যক্ষ যুদ্ধ চালিয়ে যাচ্ছি।"

আমরা কিনমেন দ্বীপপুঞ্জে অবতরণের পর নেতাজীর পথনির্দেশ আমাকে যেন মন্ত্রমুগ্ধ করে ফেলল। পুরানো ইতিহাসের সূচিমুখ গতি যেন আমাকে

চোখে আঙ্গুল দিয়ে দেখিয়ে দিল চিনা কম্যুনিষ্ট-সাম্রাজ্যবাদী গোষ্ঠি এখন আমাদের নেতাজীর মাতৃভূমির দিকে কেন বিপজ্জনকভাবে হাত বাড়াতে চলেছে।

বর্তমান সময়ে কম্যুনিষ্ট আগ্রাসনের বিরুদ্ধে যে যুদ্ধ চলছে, তার পরিপ্রেক্ষিতে আমাদের সর্বাত্মক চেষ্টা করতে হবে যাতে আমরা নেতাজী সুভাষ চন্দ্রের যে অসম সাহসিক এবং আপসহীন সংগ্রামের কাহিনী, তার উপর যেন যথেষ্ট আলোকপাত করতে পারি। তাহলেই আমাদের আর কোন সন্দেহ, দুঃখ অথবা ভয় থাকবেনা। একমাত্র সেই মানসিক শক্তির দ্বারা আমরা মৃত্যুকেও রুখে দিতে পারব যেমনটি নেতাজী সুভাষ চন্দ্র করতে পেরেছিলেন। আমাদের কানেও বাজবে সেই বিজয়ের প্রতিশ্রুতির গুঞ্জন, আমরাও পারব আমাদের দেশকে রক্ষা করতে।

৫. নেতাজীর বিমান দুর্ঘটনা সম্পর্কিত প্রকৃত সত্য

ফরমোসা দ্বীপপুঞ্জে আমার নেতাজী সম্পর্কিত অনুসন্ধান কোন নির্দিষ্ট সময়ের গন্ডীতে আবদ্ধ ছিলনা। ১৮ই আগষ্ট, ১৯৪৫ তথাকথিত যে বিমান দুর্ঘটনা ঘটেছিল, আমি ক্রমে ক্রমে তার পরবর্তী ঘটনাবলীর হদিস খুঁজে বার করতে লাগলাম। খুব শীঘ্রই আমি আবিষ্কার করে ফেললাম যে আসলে নেতাজীর মৃত্যু সম্পর্কিত আসল তথ্যকে ধামা চাপা দেবার জন্য জাপানী গোয়েন্দা বিভাগই নানা কল্পকাহিনী প্রচার করেছে। সে সম্পর্কে বিশ্বাসযোগ্য প্রামাণ্য তথ্যও কিছু কিছু আমার হাতে এসে গেল। গত বিশ্বযুদ্ধের পর থেকে প্রকৃত সত্যকে দিকভ্রষ্ট করার জন্য এটাই ছিল জাপানীদের সব থেকে সফল উদ্যোগ।

তবে জাপানীদের এই উদ্যোগ একান্তই স্বাভাবিক ছিল, কারণ ইঙ্গ-মার্কিন গোয়েন্দারা যেভাবে শিকারী কুকুরের মত নেতাজীকে খুঁজে বেড়াচ্ছিল, তাতে নেতাজীকে রক্ষা করার স্বার্থেই এটার প্রয়োজন ছিল। এ কাজে তারা নেতাজীর নকল ছবি পর্য্যন্ত ব্যবহার করেছে। তারা কর্ণেল হাবিবুর রহমানকে গল্প শুনিয়েছে যে বিমান দুর্ঘটনাটি ঘটেছে ১৮ই আগষ্ট ১৯৪৫ সালে, যা প্রকৃতপক্ষে ঘটেছিল ২৩শে অক্টোবর ১৯৪৪ সালে। শুধু তাই নয়, তারা বিশেষভাবে হাবিবুর রহমানকে অনুরোধ করেছে যাতে তিনি বৃটিশ গোয়েন্দা বিভাগকে এই অসত্য ঘটনাটি বিশ্বাস করাবার চেষ্টা করেন। কর্ণেল হাবিবুর রহমান জাপানের বর্ণনা করা এই কাহিনীই ১৯৫৬ সালে নেতাজী এনকোয়ারী কমিটি (N.I.C) র কাছে বয়ান করেন। সেই সঙ্গে তিনি ১৯৪৪ সালে ঘটে যাওয়া বেশ কিছু ফটোগ্রাফও পেশ করেন, যা জাপানীরাই তার হাতে তুলে দিয়েছিল। নেতাজীর মৃত্যু সম্পর্কে সে সব ফটোগ্রাফই ছিল তাদের কাছে প্রামাণ্য দলিল।

তখন থেকেই ভারতীয় জনগণ নেতাজীর মৃত্যু সম্পর্কে এক ভুল তথ্য জেনে এসেছে, বরং বলা উচিত তাদেরকে ভুল তথ্য জানানো হয়েছে।

আশ্চর্য্যের বিষয় যে আজও দিল্লী সরকার নেতাজীর মৃত্যুকে নিয়ে গোঁয়ারের মত একটা অবাস্তব বিশ্বাসকে আঁকড়ে আছে। সরকারের এই মনোভাব বাস্তব এবং যুক্তিবাদী পর্য্যবেক্ষকদের ভাবতে বাধ্য করেছে যে নেতাজী মৃত, এই সংবাদটি তদানিন্তন সরকারের কাছে রাজনৈতিক ভাবে স্বস্তির এবং সুবিধাজনক। সত্যই হোক বা অসত্য, সরকার কিন্তু জনগণকে বিশ্বাস করাতে চাইছেন যে নেতাজী মৃত।

নেতাজীই হলেন একমাত্র জাতীয় নেতা যিনি কঠোর জাতীয়তাবাদে বিশ্বাসী। স্বাধীনতা অর্জনের প্রশ্নে নেতাজীর সশস্ত্র সামরিক শক্তি অর্জন এবং প্রয়োগের তীব্র বিরোধী ছিলেন গান্ধীজী। নেতাজী ভিক্টোরিয়া মেমোরিয়ালে প্রবেশ করে সেখানে দেওয়াল লিখন দেখেছেন যে পলাশীর যুদ্ধে মাত্র ৯০০ জন বৃটিশ সৈনিক ৭২,০০০ ভারতীয় সেনাকে পরাজিত করেছে। এই পরাজয় ভারতীয়দের মেরুদন্ডকে সম্পূর্ণভাবে ভেঙ্গে দিয়েছিল। দীর্ঘ সময়ের পর নেতাজীর আবির্ভাব ঘটল, যিনি ভারত থেকে বৃটিশ শক্তিকে বিতাড়িত করার জন্য সামরিক বাহিনী গঠন করলেন।

জাতীয় আত্মসম্মান বোধ, যা স্বাধীনতা অর্জন এবং স্বাধীন দেশের নাগরিক জীবন যাপনের আকাঙ্খাকে উদ্দীপিত করে, নেতাজী সেই আগুন দেশবাসীর মধ্যে জাগিয়ে তুলতে পেরেছিলেন এবং তার সেই মহৎ কর্মই সুভাষ বসুকে দেশবাসীর চোখে অবিসম্বাদী এক জাতীয় নায়ক করে তুলেছিল। ১৯৩৯ সালে কংগ্রেস দলের নিয়ন্ত্রণ এবং নেতৃত্বের প্রশ্নে গান্ধীজীর সঙ্গে নেতাজীর নীতিগত সংঘাত শুরু হয়। সে সংঘাত এমন পর্য্যায়ে পৌঁছালো যে নেতাজী পরাজিত এবং অপমানিত হয়ে শেষ পর্য্যন্ত দেশ ত্যাগ করতে বাধ্য হলেন। ভারতের স্বাধীনতা অর্জনই ছিল তার কাছে শেষ কথা। সেই অভীষ্ট লক্ষ্যে পৌঁছাবার জন্য তিনি ভারতীয় পথ, পদ্ধতি ও প্রক্রিয়ার বিরুদ্ধে সংঘাতে সময়ের অপচয় না করে নিজস্ব পথ বেছে নিয়েছিলেন। অত্যন্ত কঠিন সময়ের বুকে দাঁড়িয়ে বৃটিশ সরকারের বিরুদ্ধ তার সাহসিকতা এবং সামরিক নেতৃত্ব ভারতার স্বাধীনতা যুদ্ধের ইতিহাসে অতি গৌরবময় অধ্যায় হয়ে থাকবে।

নেতাজীর সেই ঐতিহাসিক ভূমিকা তাকে এমন এক উচ্চতার শিখরে পৌঁছে দিয়েছিল যে দ্বিতীয় বিশ্বযুদ্ধ শেষে তিনি যদি ভারতে ফিরতেন, তবে তিনি গান্ধীবাদ এবং নেহেরুরাজের সর্বাপেক্ষা বিপজ্জনক শত্রু হয়ে উঠতেন।

পরবর্তীকালে বৃটিশ সরকারের হাত থেকে ভারতীয় নীতি নির্দ্ধারকেরা যখন স্বাধীন ভারতের ক্ষমতা অধিগ্রহণ করলেন, তখন নেতাজীর কর্ম ও দর্শন তাদের মনের মধ্যে প্রবলভাবেই জাগরূক ছিল। জনমানসে নেতাজীর ভাবমূর্তির উচ্চতা সম্পর্কে এই নীতিনির্দ্ধারকেরা যথেষ্ট সচেতন ছিলেন, আর সে কারণেই তাদের মনে হয়েছিল যে নেতাজীকে মৃত ঘোষনা করাই হচ্ছে পরিত্রানের একমাত্র পথ। ফলে তাইপেই-এর বিমান দুর্ঘটনার পরও নেতাজীর বেঁচে থাকার সব ঐতিহাসিক তথ্য প্রমাণ চাপা পড়ে গেল সময়ের গর্ভে।

খুব স্বাভাবিকভাবেই ভারতের মানুষ কিন্তু নেতাজীর মৃত্যুর তত্ব এত সহজে মেনে নিলনা। তাদের দাবী, নেতাজী সংক্রান্ত যে সব তথ্য এখন পর্যন্ত জানা গেছে তার অনুপুংখ তদন্ত হোক এবং সেই তদন্তের ফলাফল মানুষকে জানানো হোক। দেশব্যাপী জনমতের চাপে ভারত সরকার ১৯৫৬ সালে নেতাজীর মৃত্যু সম্পর্কে এক তদন্ত কমিশন বসাতে বাধ্য হ'ল। কিন্তু দুর্ভাগ্যবশতঃ একজন মাত্র ব্যক্তি সাহ্ নাওয়াজ সেই তদন্ত যে মাত্রায় গুরুত্ব পাওয়ার কথা ছিল তা হ'তে দিলেন না। হয়ত সেই তদন্তের নিরপেক্ষতা সরকারের পক্ষেও স্বস্তিদায়ক ছিলনা।

N.I.C.R বা নেতাজী এনকোয়ারী কমিশনের তৃতীয় পাতায় উল্লিখিত আছে "The members of the committee were anxious to visit Formosa which was the actual place of occurrence of the plane crash, Netaji's death and his cremation. There were difficulties in doing so as there were no diplomatic relations between the Government of India and the authorities in Formosa. A reference was made to the Government of India, who informed the committee that they did not consider a visit to Formosa feasible. So, the attempt had to be given up." N.I.C.R বা নেতাজী এনকোয়ারী কমিশন রিপোর্টের তৃতীয় পাতায় উল্লিখিত আছে, কমিটির মেম্বারেরা ফরমোসা গিয়ে সরেজমিনে তদন্ত করতে চেয়েছিলেন কারণ সে জায়গাই ছিল বিমান দুর্ঘটনার অকুস্থল, নেতাজীর মৃত্যু এবং শেষকৃত্য পালনও হয়েছে সেখানেই। কিন্ত সে কাজের পক্ষে প্রধান বাধা হ'ল যে ভারত সরকারের সঙ্গে ফরমোসার কর্ত্তৃপক্ষের কোন কূটনৈতিক সম্পর্ক নেই। এই বিষয়টি ভারত সরকারকে জানানো হলে তারা জবাব দিলেন যে কমিটিকে ফরমোসা পাঠাবার বিষয়টিকে তারা সম্ভব বলে মনে করছেননা। ফলে সেই চেষ্টা পরিত্যাগ করতে হ'ল।

সে তদন্ত কেমন যার প্রয়োজনে অকুস্থল ফরমোসায় যাবার অনুমতি পাওয়া গেলনা? জাতীয়তাবাদী চিন সরকার তখন সম্মিলিত জাতিপুঞ্জের এক গুরুত্বপূর্ণ সদস্য এবং ফরমোসা তখন তাদেরই নিয়ন্ত্রণাধীন। ভারত সরকার যদি একবার চিনের কাছে অনুরোধ করতেন, তবে তারা কখনই নেতাজী মৃত্যুরহস্য সংক্রান্ত তদন্তকার্য্যে বাধা দিতেন না।

সে সময় ভারতের সঙ্গে সোভিয়েত নিয়ন্ত্রণে থাকা পূর্ব জার্মানির কোন কূটনৈতিক সম্পর্ক ছিল না। কিন্তু আমি যখন বার্লিনে ইন্ডিয়ান মিলিটারী মিশনের কূটনৈতিক প্রতিনিধির দায়িত্ব পেলাম, আমি তখন বহুবার বার্লিন এবং পূর্ব জার্মানীতে গিয়েছি এবং বিদেশ মন্ত্রকের নির্দেশ অনুযায়ীই সে সব জায়গায় গিয়েছি। যদি কম্যুনিষ্ট পূর্ব জার্মানির সঙ্গে ভারতের কূটনৈতিক সম্পর্ক ছাড়াই সে দেশে যাওয়া যায়, তবে জাতীয়তাবাদী চিনের নিয়ন্ত্রণাধীন ফরমোসা দ্বীপে যাওয়া যাবেনা কেন? দুর্ভাগ্যবশতঃ এই প্রশ্নের কোন সদুত্তর নেই।

যে কোন বাস্তববাদী পর্য্যবেক্ষক স্বীকার করতে বাধ্য হবেন যে ভারত সরকার এবং তার রাজনৈতিক নেতৃত্ব এই সত্যটা স্বীকার করতে আদৌ আগ্রহী ন'ন যে নেতাজীর সঙ্গে তাইপেই বিমান দুর্ঘটনার কোন যোগাযোগ

নেই। নেতাজীর মৃত্যু সম্পর্কে এ যাবৎ ভারত সরকারের পক্ষ থেকে যতগুলি তদন্ত হয়েছে, সবই হয়েছে জাপান থেকে, এবং বোকার মত সে সব তদন্ত রিপোর্ট জাপানী গোয়েন্দা বিভাগের রিপোর্টের উপরেই ভারত সীলমোহর দিয়েছে।

জাতীয় এনকোয়ারী কমিশনের রিপোর্টে বিমান দুর্ঘটনার প্রামান্য তথ্য হিসাবে তিনটি ফটোর উল্লেখ আছে। কিন্তু যে কোন দায়সারা পর্য্যবেক্ষনই বলে দেবে যে এ সব প্রমান অসত্য। জাতীয় এনকোয়ারী কমিশনের রিপোর্ট বলছে যে আলোচ্য প্লেনটি কংক্রিট রানওয়ের বাইরে প্রায় ১০০ মিটার দূরে ভেঙ্গে পড়ে। কিন্তু ফটোগুলি বলছে যে দুর্ঘটনাটি ঘটে পাহাড়ের মাথার উপরে। কংক্রিট রানওয়ে থেকে পাহাড়ের মাথায় দুর্ঘটনাস্থলের দূরত্ব অন্তত পক্ষে দেড় মাইলের কম নয়। কর্নেল হাবিবুর রহমানও তার বিবৃতিতে বলেছেন যে বিমানক্ষেত্র থেকে দুর্ঘটনাস্থলের দূরত্ব এক থেকে দু'মাইল। কর্নেল হাবিবুর রহমানের কথাই সঠিক। ২৩শে অক্টোবর ১৯৪৪ যে বিমানটি ভেঙ্গে পড়ে, এরোড্রোম থেকে তার দূরত্ব এক থেকে দু'মাইল। তিনি এ তথ্য পেয়েছেন জাপানী গোয়েন্দা দপ্তরের রিপোর্ট থেকে।

তাইপেইয়ে তদন্তের কাজ চালাবার সময় আমি নিজেও পাহাড়ের মাথা এবং রানওয়ের বেশ কয়েক ডজন ছবি তুলেছি। পাহাড়ের চূড়ার ১৯৪৪ সালে ঘটে যাওয়া বিমান দুর্ঘটনার ছবিগুলির সঙ্গে ১৮.৮.১৯৪৫ সালে নেতাজী এনকোয়ারী কমিশনের তোলা ছবিগুলির অদ্ভূত সাদৃশ্য আছে। আমার তোলা ছবিগুলির পশ্চাদপটে ইউয়ানসান পর্বতের রেখাচিত্র এবং সিলহিউট ছবিগুলির সঙ্গে নেতাজী এনকোয়ারী কমিটির ছবিগুলির অদ্ভূত মিল। এই ছবিগুলি খুব পরিষ্কার ভাবে ইঙ্গিত করে যে ১৮.৮.৪৫ এর দুর্ঘটনার কোন সত্যতা নেই, নেতাজী সেই দুর্ঘটনায় মারা যাননি।

ভারত সরকার এবং তাদের গোয়েন্দা বিভাগ যারা তাদের দক্ষতা এবং বুদ্ধিমত্তার জন্য যথেষ্ট প্রশংসিত, তারা নেতাজী সংক্রান্ত প্রকৃত সত্য আবিষ্কারের বিষয়ে যথেষ্ট ভীত ছিল, এবং সে কারণেই তারা তাদের অত্যন্ত

বিশ্বস্ত নেতাজী এনকোয়ারী কমিশনের সদস্যদের পর্য্যন্ত ফরমোসায় যাবার অনুমতি দেয়নি। আসলে কূটনৈতিক সম্পর্কের বেড়া ছিল একটা অজুহাত মাত্র, তারা চেয়েছিল যে নেতাজী এবং তার অত্যুজ্জল ঐতিহাসিক ভূমিকার কথা লোকচক্ষুর অন্তরালে অন্ধকারে চাপা পড়ে থাকুক।

নেতাজী সম্পর্কিত প্রকৃত তথ্য যা আমি নিজে ফরমোসা দ্বীপে গিয়ে অনুসন্ধান করে আবিষ্কার করেছি, তা হ'ল যে ১৮ই আগষ্ট ১৯৪৫ বেলা ২.৩০ মিনিটে ডাইরেনের উদ্দেশ্যে নেতাজী যাত্রা শুরু করেন এবং সেই সন্ধ্যাতেই তিনি তার নির্দিষ্ট যাত্রাস্থলে সুস্থদেহে অবতরণ করেন।

৬. ডাইরেন চলো

জাপানীরা শেষ পর্য্যন্ত ১৫.৮.১৯৪৫ তারিখে মিত্র পক্ষের কাছে আত্মসমর্পণ করে, কিন্তু নেতাজী আত্মসমর্পণ করেননি। তিনি অত্যন্ত স্পষ্ট ভাষায় বলেছিলেন, "Japan's surrender is not India's surrender." অর্থাৎ জাপানের আত্মসমর্পণের অর্থ কিন্তু ভারতের আত্মসমর্পণ নয়। তিনি আরও ঘোষণা করেছিলেন যে তার যুদ্ধের লক্ষ্য হচ্ছে ভারতের স্বাধীনতা ছিনিয়ে আনা, অতএব নেতাজীর বন্ধু রাষ্ট্র জার্মান বা জাপানের যাই হোক না কেন তার যুদ্ধ চলতে থাকবে যতক্ষণ পর্য্যন্ত ভারতবর্ষ তার স্বাধীনতা ফিরে না পাচ্ছে।

নেতাজীর অভিষ্ট সামরিক অভিযান সাফল্য না পাওয়ায় তিনি দৃঢ়প্রতিজ্ঞ ছিলেন যে কোনমতেই তিনি ইঙ্গ-মার্কিন শক্তির হাতে ধরা দেবেন না। এই অবস্থাতেও তিনি কিছু কিছু সোভিয়েত এলাকা থেকে তার যুদ্ধ চালিয়ে গেলেন।

সে সময়ের সামরিক অবস্থা নেতাজীর পক্ষে খুব অনুকূল ছিলনা। ইঙ্গ-মার্কিন সামরিক বাহিনীর লম্বা হাতের বাইরে তার আত্মগোপনের একটিমাত্র জায়গা ছিল, তা হল দক্ষিণ মাঞ্চুরিয়ার ডাইরেন।

রেকর্ডে উল্লিখিত আছে, ১৫ই আগস্ট, ১৯৪৫ নেতাজী তার একটি লিখিত বক্তব্যে স্বাক্ষর করেছিলেন। তার অংশবিশেষ হ'ল, "Do not be depressed at our temporary failure. Be of good cheer and keep up your spirits. Above all, never for a moment falter in your faith in India's destiny. There is no force on earth that can keep India enslaved. India shall be free and before long. Jai Hind. - Subhas Chandra Bose" অর্থাৎ, "আমাদের সাময়িক ব্যর্থতায় বিমর্ষ হয়োনা। আনন্দে থাকো এবং হৃদয়াবেগকে ধরে রাখো।

সর্বোপরি এক নিমেষের জন্যও ভারতের ভবিষ্যৎ সম্পর্কে তোমাদের বিশ্বাস হারিও না। পৃথিবীতে এমন কোন শক্তি নেই যা ভারতবর্ষকে দাসত্বের শৃংখলে বেঁধে রাখতে পারে। ভারতবর্ষ অতি সত্বর স্বাধীন হবে। জয় হিন্দ! - সুভাষ চন্দ্র বোস।”

তারপর তিনি তার একজন জাপানী সাহায্যকারীকে জিজ্ঞাসা করলেন, “জাপানীরা কতদূর পৌঁছাতে পেরেছে? ডাইরেনে পৌঁছাতে ওদের আর কত সময় লাগবে?”

জাপানী লিয়াসন মিশন (Hikari Kikan) এর বক্তব্য অনুযায়ী জাপানের সঙ্গে নেতাজীর সমস্ত চিঠিপত্র বিনিময় হ'ত জেনারেল ইসোদার মাধ্যমে। নেতাজী জাপান সরকারের কাছে অনুরোধ করেন, তাকে যেন রাশিয়ার সঙ্গে প্রত্যক্ষ যোগাযোগের ব্যবস্থা করে দেওয়া হয়। কিন্তু তখন অনেক দেরী হয়ে গেছে, ৯ই আগস্ট ১৯৪৫, রাশিয়া ইতিমধ্যেই জাপানের বিরুদ্ধে যুদ্ধ ঘোষণা করে দিয়েছে। তখন থেকেই সমগ্র দূর প্রাচ্য জুড়ে ঘন ঘন ঘটনার পট পরিবর্তন ঘটতে লাগল।

নেতাজীর অবস্থা তখন এমন যেন তিনি রয়েছেন একটা দাউ দাউ করে জ্বলতে থাকা বাড়ীর মধ্যে, আর তার ঠিক বাইরেই তরঙ্গ বিক্ষুব্ধ উত্তাল সমুদ্র। ডাইরেনই হচ্ছে এখন তার সামনে একটি ভাসমান কাষ্ঠখন্ড যা তাকে এক দুরন্ত অভিযানে অপরিচিত পথের দিশায় নিয়ে যাবে।

ডাইরেনের চতুর্দিক ঘিরে তখন যুদ্ধের তান্ডব। নেতাজী এর মধ্যেই তার মত করে মাঞ্চুরিয়ার সামরিক অবস্থাটা জরিপ করে নিলেন। ইতিমধ্যেই ১১ই আগস্ট রাশিয়ান রেডিও ঘোষণা করেছে যে রাশিয়া মাঞ্চুরিয়ার বিরুদ্ধে সর্বাত্মক আক্রমন শুরু করেছে। এই যুদ্ধে লাল ফৌজের নেতৃত্ব দিচ্ছেন মার্শাল এ এম ভ্যাসিলেভস্কি। মার্শালের লক্ষ এখন পোর্ট আর্থার এবং ডাইরেন দখল করা যেগুলি চল্লিশ বছর আগে মাঞ্চুরিয়া ছিনিয়ে নিয়েছিল

রাশিয়ানদের হাত থেকে। এখন রাশিয়া আবার মাঞ্চুরিয়ার হাত থেকে সেগুলিকে ফিরিয়ে নিতে দৃঢ়প্রতিজ্ঞ।

ডাইরেন পুনর্দখলের প্রশ্নে ষ্টালিন তখন সুকৌশলে আন্তর্জাতিক স্তরে প্রচেষ্টা চালাচ্ছিলেন। ১৯৪৫ সালের ১১ই ফেব্রুয়ারী এক গোপন 'ইয়াল্টা চুক্তির' শর্ত অনুযায়ী তখন ডাইরেনের আন্তর্জাতিকীকরণের কথা ছিল। কিন্তু ষ্টালিন চাপ সৃষ্টি করে সেই চুক্তিতে সংযোজন করিয়ে নিয়েছিলেন যে সেই চুক্তিতে রাশিয়ার স্বার্থই প্রাধান্য পাবে। সুতরাং রাজনৈতিক দাবাখেলার চালে রাশিয়া আবার মাঞ্চুরিয়াতে তাদের প্রাধান্য ফিরে পেল, বিশেষ করে ডাইরেনে, যেখানে ১৯০৫ সালে রুশ-জাপান যুদ্ধ হয়েছিল। এই বিষয়ে রাশিয়া জাপানের সাথে একটি গোপন সমঝোতাও করে নিয়েছিল, যার ফলে ১৯৪৫ সালের জুলাই মাস নাগাদ জাপান রাশিয়ার সঙ্গে ডাইরেনের অন্তর্ভূক্তির দাবী মেনে নিল।

নেতাজী ডাইরেন সংক্রান্ত এসব চুক্তি এবং বোঝাপড়ার কথা সম্পূর্ণভাবে অবহিত ছিলেন। মনে মনে তিনি নিশ্চিত ছিলেন যে রাশিয়ান শক্তি দক্ষিণ পূর্ব প্রাচ্যে যুদ্ধ শেষ হবার আগেই যেন তেন প্রকারেন ডাইরেনের দখল নেবে। সদা সর্বদাই ডাইরেন নেতাজীর মনে এক আলোড়ন সৃষ্টি করে রেখেছিল। যখনই তিনি কোন রাশিয়ান এলাকা থেকে যুদ্ধ চালাবার কথা ভাবতেন, তখন তিনি ডাইরেনের কথাই ভাবতেন। তাছাড়া টোকিও থেকে রাশিয়ার নিকটতম অঞ্চল ছিল এই ডাইরেন। তাইপেইয়ে তেল ভরে আকাশে উড়লেই যে কোন বিমান এক উড়ানেই টোকিও পৌঁছে যেতে পারত।

নেতাজী যখন ডাইরেনের উদ্দেশ্যে যাত্রা করার জন্য প্রয়োজনীয় পরিকল্পনা নিয়ে ব্যস্ত, তখন এক ঐতিহাসিক ঘটনা ঘটল। আমেরিকান বিমান সেনারা ৬ই আগস্ট জাপানের হিরোসিমাতে এবং ৯ই আগস্ট নাগাসাকিতে দু'টি অ্যাটম বোমা বর্ষণ করে এল। এই বোমা বর্ষণের ভয়াবহতা এমনই তীব্র ছিল যে তা ইঙ্গ-মার্কিন সশস্ত্র বাহিনীর বিরুদ্ধে তাদের যুদ্ধের ইচ্ছাটাকেই

ভেঙ্গে গুঁড়িয়ে দিল। এই বোমা বর্ষণ জাপানীদের আত্মসমর্পণকে অনিবার্য্য করে তুলল, এখন শুধু সময়ের অপেক্ষা। জাপানীদের হাত থেকে মাঞ্চুরিয়া পুনর্দখলের এমন একটা সুযোগ রাশিয়ান সামরিক বাহিনী ছাড়বে কেন? বিন্দু মাত্র সময় নষ্ট না করে ৮ই আগস্টেই জাপান মাঞ্চুরিয়ার বিরুদ্ধে যুদ্ধ ঘোষণা করে দিল।

দূর প্রাচ্যে যুদ্ধ চলাকালীন হঠাৎই একটা অপ্রত্যাশিত মোড় নিল। ইঙ্গ-মার্কিন শক্তির বিরুদ্ধে জাপানের প্রতিরোধের যুদ্ধ থামল বটে, কিন্তু রাশিয়ানদের বিরুদ্ধে তাদের মনোভাব রয়ে গেল অনমনীয়। নেতাজীর নিজস্ব পরিকল্পনা রূপায়ণের পক্ষে জাপানের এই অবস্থান বিপজ্জনক হয়ে উঠল এবং তাকে নিজের অস্তিত্ব রক্ষার প্রশ্নটি ভাবতে হ'ল।

২৪শে আগস্ট ১৯৪৫ মার্কিন প্রেসিডেন্ট ট্রুম্যান ঘোষণা করলেন যে জাপান মিত্রপক্ষের কাছে আত্মসমর্পন করেছে এবং যুদ্ধও শেষ হয়েছে। কিন্তু ১৫ই আগস্ট ১৯৪৫, রাশিয়া আবার ঘোষণা করল যে মাঞ্চুরিয়ারতে জাপান আত্মসমর্পন করেনি। পরের দিনই জাপানে একটি নতুন ক্যাবিনেট গঠিত হ'ল, যা রাশিয়ার বিরুদ্ধে যুদ্ধ চালিয়ে যেতে চাইছিল। ১৬ই আগষ্ট মার্শাল ভ্যাসিলেভস্কি এক বিবৃতিতে জানালেন যে জাপানীদের বিরুদ্ধে রাশিয়া তীব্র আক্রমণ শুরু করেছে, এবং সেইসঙ্গে জাপানকে চরম হুঁশিয়ারী বার্তা দেওয়া হ'ল যে ২০শে আগষ্টের মধ্যেই জাপানকে আত্মসমর্পন করতে হবে।

যুদ্ধরত সীমান্ত অঞ্চল থেকে প্রাপ্ত এসব বিশদ বিবরণী নেতাজীকে তার পরবর্তী কর্মপন্থা নির্ধারণের সুযোগ করে দিল। ১৭ই আগস্ট বিকালে তিনি সাইগন বিমান বন্দরে পৌঁছে গেলেন, সেখান থেকেই একটি বিমান তাকে ডাইরেনে নিয়ে যাবে। সেই বিমানে অন্যান্য যাত্রীদের সঙ্গে ছিলেন বিশিষ্ট মিলিটারী অফিসার লেফটেন্যান্ট জেনারেল সেইদেই। তিনিও ডাইরেন যাচ্ছেন কোয়ানটাং সেনাবাহিনীর চিফ অফ স্টাফ হয়ে। এই জেনারেল সেইদেই জাপানী সেনাদলে রাশিয়া বিশেষজ্ঞ হিসাবে সুপরিচিত ছিলেন। রাশিয়ার সঙ্গে যুদ্ধ বিষয়ক আলাপ আলোচনায় তিনিই ছিলেন প্রধান ব্যক্তি।

যাত্রাপথে জেনারেলের থেকে ভাল সফরসঙ্গী নেতাজীর পক্ষে আর পাওয়া সম্ভব ছিলনা।

জেনারেল সেইদেই-এর সঙ্গে নেতাজী যেই বিমানটিতে চেপেছিলেন, সেটি হ'ল একটি দুই ইঞ্জিন সম্পন্ন ভারী বম্বার ৯৭-২ (স্যালি)। বিমানটি সাইগন বিমান বন্দর থেকে ছাড়ল বিকাল ৫.৩০ মিনিটে। সেই সময় নেতাজীর অনেক ক'টি ছবি তোলা হয়। তার মধ্যে একটি ছবিতে দেখা যায় নেতাজী প্লেনের দরজায় দাঁড়িয়ে আছেন। প্রপেলারের উপর ঠিকরে পড়া পরন্ত আলোয় নেতাজীর চোখ দু'টো চক্‌চক্‌ করছে। খুব সম্ভবতঃ এটাই মানুষের হাতে আসা নেতাজীর শেষ ছবি। তাইপেই-এর বিমান দুর্ঘটনার যে ছবি পাওয়া গেছে, তাতে নেতাজীর চিহ্নমাত্র নেই। সেই প্লেনের ধ্বংসাবশেষ যা পাওয়া গেছে তাতে বোঝারই উপায় ছিলনা যে সেটি ৯৭-২ স্যালি বম্বার বিমান কিনা।

বিমান যখন আকাশে ইন্দোচিনের উপর দিয়ে উড়ছে, তখন নেতাজী এবং জেনারেল সেইদেই সিদ্ধান্ত নিলেন যে বিমানটিকে ওজন কমিয়ে হাল্কা করতে হবে, যাতে বিমানের বহন ক্ষমতার থেকেও বেশী পরিমান জ্বালানী নেওয়া যায়। সেই অনুযায়ী বিমান টোরিন বিমান বন্দরে অবতরণ করল, অন্যান্য যাত্রীদেরও মালপত্র সহ নামিয়ে দেওয়া হ'ল। সেখানেই নেতাজীর সঙ্গে আবার হাবিবুর রহমানের দেখা হয়। তিনি সহ অন্যান্য যাত্রীদের অন্য একটি প্লেনে তুলে দেওয়া হ'ল।

পরের দিন, তারিখটা ছিল ১৮ই আগস্ট, ১৯৪৫। সেটা ছিল এক ঘটনাবহুল দিন। নেতাজীর বিমানের রেডিও অপারেটর তাকে ঘুম থেকে তুলে জানালো যে একটি জাপানী বিমান শান্তি প্রার্থনা করে আমেরিকা অধিকৃত ওকিনাওয়া বিমান বন্দরে নামতে চাইছে, বশ্যতা স্বীকারের চিহ্ন হিসাবে বিমানটির সঙ্গে রয়েছে শ্বেত পতাকা।

খবরটা শোনার পর ভোর পাঁচটা নাগাদ নেতাজী এবং জেনারেল সেইদেইকে নিয়ে ওদের প্লেন তড়িঘড়ি আকাশে উঠল। ওরাই সেই প্লেনের একমাত্র যাত্রী। প্লেনের ওজন এখন অনেক কমেছে, আবহাওয়া যথেষ্ট ভাল, ইঞ্জিন এবং রেডিও সরঞ্জামও খুব ভালভাবে কাজ করছে। দুপুরের মধ্যেই ওদের প্লেন ডাইরেনের উদ্দেশ্যে অর্দ্ধেক পথ অতিক্রম করে এল। এরপর প্লেন তাইপেই-এ নামল তেল ভরার জন্য।

প্লেনে যখন তেল ভরা হচ্ছিল, তখন নেতাজী এবং জেনারেল সেইদেই স্থানীয় গোয়েন্দা বাহিনীর কাছে খোঁজ খবর নিতে শুরু করলেন, রাশিয়ার সেনাবাহিনী মাঞ্চুরিয়ার কতটা অংশে ঢুকে পড়েছে, কতক্ষণইবা ডাইরেন রাশিয়ানদের হাত থেকে মুক্ত থাকার সম্ভাবনা। কিছুক্ষণের মধ্যেই তারা জানতে পারলেন যদিও পোর্ট আর্থারের পতন ঘটতে চলেছে, কিন্তু ডাইরেন যথেষ্ট সুরক্ষিত আছে, এবং জাপানী প্রতিরোধ বাহিনী শেষ রক্তবিন্দু দিয়েও ডাইরেনকে রক্ষা করবে।

এই অবস্থায় জেনারেল সেইদেই-এর পক্ষে সব থেকে জরুরী হয়ে পড়ল যথা সম্ভব দ্রুত ডাইরেনে পৌঁছে জাপানী সেনাবাহিনীর চিফ অফ স্টাফ হিসাবে সেনা বাহিনীর নেতৃত্ব নিজের হাতে তুলে নেওয়া। নেতাজীও ভেবেছিলেন যে সেটাই হবে সেই সময়ের সর্বশ্রেষ্ঠ করনীয় কর্তব্য। হাল্কা প্রাতরাশ সেরে দুই সেনানায়ক স্থানীয় গোয়েন্দা বাহিনীকে নির্দেশ দিলেন, তারা যেন শত্রুপক্ষের নজর অন্যদিকে ঘুরিয়ে রাখে যাতে তারা নেতাজীর ডাইরেন যাবার বার্তা জানতে না পারে। এই পদক্ষেপটি সে মুহূর্তে প্রয়োজনীয় ছিল কারণ আত্মসমর্পন সম্পর্কিত আলোচনাকারী জাপানী দলটি ইতিমধ্যে টোকিও ছেড়ে বেরিয়ে পড়েছে ম্যাক আর্থারের সদর দপ্তর ম্যানিলার উদ্দেশ্যে। নেতাজী একটু শঙ্কিত ছিলেন যে ইঙ্গ-মার্কিন বিমান যেকোনো মূহূর্তে তাকে গ্রেপ্তার করার জন্য তাইপেই-এ পৌঁছে যেতে পারে। তিনি নিশ্চিত হতে পারছিলেন না যে ইঙ্গ-মার্কিন গোয়েন্দা দপ্তর ইতিমধ্যেই তার সাইগন ছেড়ে যাবার বার্তা জেনে গেছে কিনা। এ রকম শংকার কারণ,

রাতারাতি শত্রুপক্ষের অস্ত্রশস্ত্র ভান্ডারের তৎপরতা ভীষণভাবে বেড়ে গিয়েছিল।

আমার ঘনিষ্ট এক যোগসূত্র যিনি চল্লিশের দশকের গোড়ার দিকে চিনা গোয়েন্দা বাহিনীতে কর্মরত ছিলেন, এবং পরে তাইপেইয়ে গোয়েন্দা বিভাগের সঙ্গে যুক্ত ছিলেন যুদ্ধের শেষ দিন পর্য্যন্ত, তিনি ১৮ই আগস্ট বিকালে তাইপেই থেকে নেতাজীর অন্যত্র যাত্রা সম্পর্কে বিশদ বিবরণ দিয়েছেন। আই.এন.এ র কমান্ডারের পোষাকে নেতাজী জেনারেল সেইদেইকে নিয়ে ত্রস্ত পায়ে তার নির্দিষ্ট বিমানে গিয়ে উঠলেন। বিমানের প্রধান পাইলট ককপিট থেকে নেতাজীকে অভিনন্দন জানালেন। নেতাজী ঘাড় নেড়ে প্রত্যাভিনন্দন জানালেন, তারপর পাইলটকে নির্দেশ দিলেন "ডাইরেন চলো"।

৭. ডাইরেনে নেতাজী

(ক)

১৯৬৪ সালের শেষের দিকে তাইপেই বিমান বন্দরে আমার সঙ্গে কর্নেল ইয়ের দেখা হ'ল। তখন সদ্য নিয়ম মাফিক পরিদর্শন পরিক্রমা সেরে পেসকাডর দ্বীপপুঞ্জ থেকে তাইপেইয়ে ফিরেছেন। বেশ কয়েকবার দেখা সাক্ষাতের পর কর্নেল ইয়ের সঙ্গে আমার বন্ধুত্ব এতটাই নিবিড় হল যে তিনি নির্দ্বিধায় তার দেশের নেতাজী সম্পর্কিত গোপন গোয়েন্দা রিপোর্ট নিয়ে আমার সঙ্গে খোলামেলা আলোচনা করতেন।

দেখা হওয়া মাত্র কর্নেল ইয়ে হাসিমুখে আমাকে অভিনন্দন জানালেন, তার মুখে শোনা গেল নেতাজীর সেই পরিচিত যুদ্ধ নিনাদ – "দিল্লী চলো!"
খোশ মেজাজেই ছিলেন কর্নেল ইয়ে। আমি তাকে নেতাজীর কথাই ফিরিয়ে দিলাম, "দিল্লী যাবার অনেক পথই খোলা আছে। প্রথমে ডাইরেন চলো।"

সত্যি কথা বলতে সেই মুহূর্তে আমার কাছে দিল্লীর তুলনায় ডাইরেনের আকর্ষণ ছিল অনেক বেশী।

(খ)

"তা হলে কর্নেল, আপনি বলছেন, নেতাজীর প্লেন এখানে দুর্ঘটনার মুখে পড়েনি, এখান থেকে তার প্লেন সোজা ডাইরেনের উদ্দেশ্যে উড়ে যায়?"
"আমি বলব কি? ১৮ই আগস্ট, ১৯৪৫, বেলা ২.৩০ মিনিটে আমার চোখের সামনে নেতাজীর প্লেন ডাইরেনের উদ্দেশ্যে উড়ে গেল। আমি চুয়াংকিং-এ আমার সরকারের কাছে এ বিষয়ে পূর্ণাঙ্গ রিপোর্ট দাখিল করেছি।"
আমার মনে কিন্তু একটু খটকা রয়েই গেল। সন্দিহান কণ্ঠে আমি আবার জানতে চাইলাম "সে সময়ে বিমানবন্দরে আপনার কি ডিউটি ছিল?"

"আমি এখানের জাপানী মিলিটারী এয়ারপোর্টের ক্যান্টিনে সাধারণ ক্যান্টিন বয় হিসাবে কাজ করতাম। সেখানের অফিসারদের জন্য চা, প্রাতরাশ, দুপুরের হাল্কা খাবার পরিবেশন করাই ছিল আমার কাজ।"

"নেতাজী সুভাষ চন্দ্র বসুকে আপনি চিনলেন কি করে?" আবার আমার প্রশ্ন।

"আমি কলকাতাতেই তার পিছু নিয়েছিলাম, তখন তিনি ছিলেন তোমাদের কংগ্রেস প্রসিডেন্ট।"

"আপনার তাতে কি স্বার্থ ছিল?"

কর্নেল আমার প্রশ্নের উত্তরে বললেন, "ব্যক্তিগত কোন স্বার্থ ছিলনা। আসলে তখন আমি আমাদের চুয়াংকিং সরকারের কাজের সঙ্গে যুক্ত ছিলাম।"

"তাইপেই থেকে ডাইরেনের উদ্দেশ্যে নেতাজীর বিমান উড়ান সম্পর্কে আমাকে আরও বিস্তারিত কিছু সংবাদ দিতে পারেন?"

অত্যন্ত প্রত্যয়ী কণ্ঠে কর্নেল জবাব দিলেন, "বিশ্বাস কর, সে সময়ের জাপানী গোয়েন্দা বিভাগের কাছে যা তথ্য বা সংবাদ ছিল, তার থেকে বেশী তথ্য ছিল আমার কাছে।"

"সেটা কি করে সম্ভব?" অবাক হয়ে প্রশ্ন করলাম আমি।

"দেখ, সেই ১৮ই আগস্টে উচ্চতাম ক্ষমতা সম্পন্ন একদল অফিসার ওকিনাওয়া আমেরিকান কম্যান্ডের কাছে উড়ে গেল, সঙ্গে তাদের আত্মসমর্পণের শ্বেত পতাকা। সব জায়গাতেই যেমন হয়েছে, এ ক্ষেত্রেও বহু জাপানী সেনা নায়ক আত্মসমর্পণের প্রস্তাবে রাজী ছিলেন না। অতএব এক জাপানী প্রিন্স জাপানের সম্রাটের আদেশ পত্র সঙ্গে নিয়ে বিভিন্ন সেনানায়কদের সঙ্গে দেখা করলেন, তার সঙ্গে ছিল আত্মসমর্পণের জন্য নির্দেশনামা। তার সম্মানে সান্ধ্যভোজের এক আয়োজন করা হ'ল বিশাল তাঁবুর নীচে এবং আমাদের ক্যান্টিনকে দায়িত্ব দেওয়া হয়েছিল এই বিশিষ্ট অতিথিদের সম্মানে ত্রিশ রকম পদ রান্নার জন্য। আমার দায়িত্ব ছিল ঐ সব অতিথিদের দেখভালের ব্যবস্থা করা। সে কারনেই যখন জেনারেল সেইদেই-এর সঙ্গে নেতাজী এখানে এসে উপস্থিত হলেন, আমিই ছিলাম তাদের চা পরিবেশক। সকলের ধারণা ছিল যে আমি ইংরাজী ভাষা সম্পর্কে সম্পূর্ণ অজ্ঞ। অতএব জাপানী অতিথিরা খোলামেলা ভাবে তাদের আলোচনা শুরু

করে নেতাজীর সঙ্গে। তাঁবুর ভিতরে আমার সর্বক্ষণ উপস্থিতির কথা ওরা মোটে গ্রাহ্যই করেননি।"

"নেতাজীর সঙ্গে ওই অতিথিরা কি বিষয় নিয়ে আলোচনা করছিল?"

"নেতাজী সেদিন ডাইরেনের অবস্থার কথা বিশদভাবে জানতে চেয়েছিলেন। তাকে সেখানের অবস্থানের কথা জানাতে গিয়ে জনৈক জাপানী গোয়েন্দা অফিসার জানালেন যে রাশিয়া ভয় পাচ্ছিল যে সেখানে একটি আমেরিকান বিমানের অবতরণের কথা। সে জন্যই জাপানী বিমান বাহিনী ডাইরনের দখল নেবার জন্য মরিয়া হয়ে উঠেছিল। তার উত্তরে নেতাজী মন্তব্য করলেন, 'তাহলে আমাদের এখনই রওয়ানা হ'তে হয়'।"

"ওদের যাত্রা শুরু করার প্রশ্নে কি কোন ঝামেলা ছিল?"

আমার প্রশ্নের উত্তরে কর্নেল বললেন, "জাপানী গোয়েন্দা অফিসারটি নেতাজী এবং তার সঙ্গীদের অনুরোধ করছিলেন, তারা যেন পরদিন সকাল পর্য্যন্ত তাদের যাত্রা স্থগিত রাখে।"

"কেন?"

"তিনি হিসেব নিকেশ করে বের করলেন যে নেতাজীর জন্য নির্দিষ্ট ওই বিমান তাইপেই থেকে যাত্রা শুরু করে ডাইরেন পৌঁছাতে অন্ততঃ ছ'ঘন্টা সময় নেবে। সুতরাং তারা ডাইরেন পৌঁছাবে রাত আটটার পর। ঐ সময়ে ডাইরেন বিমান বন্দরে স্বাভাবিক ভাবে অবতরণের কোন সুব্যবস্থা পাওয়া যাবে কিনা সন্দেহ। রাতের অন্ধকারে সেখানে ল্যান্ডিং এর সময় কিছু সমস্যা হতে পারে, বিশেষ করে সেখানে বিমান আক্রমণের মুখে।"

এ সব আপত্তির কথা শুনে নেতাজী একটু অসহিষ্ণু হয়ে পড়লেন। তিনি এবার নেতার মতই দৃঢ় কণ্ঠে নির্দেশ দিলেন, "আমরা এখনই ডাইরেনের পথে রওয়ানা হ'ব।"

এটাই নেতাজীর মত মানুষের কাছে প্রত্যাশিত ছিল। তিনি দ্রুত পায়ে এগিয়ে গিয়ে জেনারেল সেইদেই এর কাছে পৌঁছালেন। প্লেনে উঠে আবার নেতাজী আদেশ দিলেন "ডাইরেন চলো।"

"একটা দৃঢ় সিদ্ধান্ত বলতে হবে!" আমি মন্তব্য করলাম।

"নিশ্চয়ই" কর্নেল বললেন। তিনি আরও বললেন, "নেতাজীর বিমান যখন আকাশে উড়ল, সময় তখন ঠিক ২.৩০ মিনিট।"
"কিন্তু আমি তো শুনেছি কংক্রিট রানওয়ে ছাড়িয়ে আনুমানিক ১০০ মিটার দূরে বিমানটি ভেঙ্গে পড়ে।" আমি আমার সন্দেহের কথা জানালাম।
"নেতাজীর ভারতীয় সহকারীকে এই আষাঢ়ে গল্পটি শোনানো হয়েছিল। তিনি যখন তাইপেই পৌঁছান, তখন নেতাজীর বিমান আকাশের উত্তর দিগন্তে মিলিয়ে গেছে।"
"যখন জাপানী অফিসারের সঙ্গে নেতাজীর সহকারীর কথা হয়, তখন কি আপনি সেখানে উপস্থিত ছিলেন?"
"নিশ্চয়ই", জবাব দিলেন কর্নেল। "যে তাঁবুতে আমি চা, কফি এবং অন্যান্য খাদ্যবস্তু পরিবেশন করতাম, সেই তাঁবুতে বসেই ওদের আলোচনা চলছিল। ওরা আমার সামনেই ইংরাজীতে কথাবার্তা বলছিল। ওদের ধারণা ছিল যে আমি ইংরাজী একদমই বুঝিনা। শুধু তাই নয়, পরবর্তী দিন দশেক সময়ের মধ্যে বহুবার তারা ওই ক্যান্টিনে এসেছে, এবং প্রতিবারই তাদের আলোচনার মধ্যে সেই বিমান দুর্ঘটনা সম্পর্কে কিছু না কিছু কাল্পনিক তথ্য এবং বিবৃতি উঠে এসেছে।"
এবার আমি কর্নেলকে বললাম "আপনি যেহেতু আমাকে প্রকৃত ঘটনার বিশদ বিবরণ দিয়েছেন, আমি বিশ্বাস করছি যে আপনি আমাকে যা বলেছেন, সেটাই হচ্ছে আসল সত্য।"

আমার অনুরোধে কর্নেল ইয়ে আমাকে প্রতিশ্রুতি দিলেন যে তিনি আমাকে তার এক সহকর্মীর সঙ্গে পরিচয় করিয়ে দেবেন। সে ব্যক্তিটি যুদ্ধের সময় চুয়াং কিং এর গুপ্তচর হিসাবে ডাইরেনে কাজ করত। স্থির হ'ল যে ইউয়ানসান পাহাড়ের গ্র্যান্ড হোটেলে আমরা মিলিত হবো, যেখান থেকে তাইপেই বিমান বন্দরের দৃশ্য খুব ভালভাবে দেখা যায়।

কর্নেল ইয়ে তার ডাইরেনের এক বন্ধু মিঃ টিঙ্গ এর সঙ্গে আমার পরিচয় করিয়ে দিলেন। আমরা হোটেলের এক নিরিবিলি কোণে একটা টেবিল নিয়ে বসলাম। মিঃ টিঙ্গ নিজের জন্য একটা ডবল হুইস্কির অর্ডার দিলেন। তিনি

পিকিং এবং সাংহাইয়ের খাবারদাবারের গুণমান নিয়ে কিছুক্ষণ কথা বললেন। কথায় কথায় তিনি জানালেন, এক সময় তাইপেই ছিল সমগ্র চিনাদের জীবন যাপনের এক ক্ষুদ্র সংস্করণ। কিন্তু চাইকম তাকে নির্মমভাবে ধ্বংস করে। এ সব হাল্কা আলোচনার মধ্যেই হঠাৎ আমাদের আলোচ্য বিষয় পাল্টে গেল – সুভাষ চন্দ্র বোস।

একজন ব্যবসায়ী হিসাবে তাইপেইয়ে থিতু হয়ে বসবার আগে মিঃ টিঙ্গ ছিলেন একজন গোয়েন্দা বিভাগের দক্ষ কর্মচারী। চিনা জাতীয়তাবাদী সরকারের অধীনে তিনি কাজ করতেন। তারপর এক সময় চিনের মূল ভূখণ্ড থেকে সেই সংস্থা নির্মূল হয়ে গেল। নিজের কাজ প্রসঙ্গে তিনি মন্তব্য করলেন "জানোতো, গোয়েন্দা বিভাগের সঙ্গে জড়িত মানুষকে সকল কাজের কাজী হতে হয়। একদা আমি কলকাতার বউবাজারে জুতো বানাতাম। তুমি যদি দ্বিতীয় বিশ্বযুদ্ধ পূর্ববর্তী ভারত এবং তার রাজনৈতিক চরিত্রকে দেখে থাকো, তাহলে ভারতের স্বাধীনতার সংগ্রামে নেতাজী সুভাষ চন্দ্রের অসাধারণ দীপ্তিময় নেতৃত্বের কথা তোমার অজানা থাকার কথা নয়। সে সময় আমি নেতাজীর একজন অনুরক্ত ভক্ত হয়ে উঠেছিলাম। যুদ্ধ শুরু হবার ঠিক আগে আমি লুকিয়ে ডাইরেনে প্রবেশ করলাম, উদ্দেশ্য, মাঞ্চুরিয়াতে জাপানী মিলিটারী কমপ্লেক্সে আমার গোয়েন্দা জাল বিস্তার করা। সেখানে আমি একটা বিউটি সেলুন খুললাম। আমি ছিলাম সেলুনের প্রধান ক্ষৌরকার এবং বহু উচ্চ পর্য্যায়ের জাপানী অফিসারেরা পরিষেবা নিতে আমার সেলুনে আসতেন। বলতে পারো এই কাজ করার সুবাদে আমি ত্রিস্তরীয় গুপ্তচরবৃত্তির সুযোগ পেয়েছিলাম।"

"ত্রিস্তরীয় গুপ্তচর – ব্যাপারটা কি?" আমি মিঃ টিঙ্গকে জিজ্ঞাসা করলাম।

"স্বাভাবিক ভাবে আমি জাতীয়তাবাদী শক্তির গোয়েন্দা বিভাগের সঙ্গে যুক্ত ছিলাম। কিন্তু জাপানী এবং রাশিয়ানরাও আমাকে বিশ্বাস করত, কারণ কিছু বিশেষ ধরণের তথ্য এবং সংবাদ আমি তাদের সরবরাহ করতাম। যাই হোক না কেন, আমি কিন্তু আগাগোড়াই আমার সরকারের প্রতি সৎ এবং বিশ্বস্ত ছিলাম। আমার দেশের শত্রুরা আমাকে কখনই প্রতারণা করতে বা

কিনে নিতে পারেনি। চাইকম তো নয়ই। আমি তাদের ঘৃণা করতাম। এবং এখনও ঘৃণা করি। ওরা হল চিনের সর্বকালের নিকৃষ্টতম শত্রু।"
একটা অভিশাপের বাণী উচ্চারণ করে তিনি বললেন "শয়তানের গহ্বরে ওদের স্থান হোক।"

এ সব কথা উনি বলছিলেন রাশিয়ান ভাষায়। এই ভাষার উপর তার বিস্তর দখল, রাশিয়ান ভাষায় তিনি অনর্গল কথা বলতে পারেন। একটু দম নিয়ে তিনি শুরু করলেন, "নেতাজী সুভাষ যখন ডাইরেনে এসে পৌঁছালেন, আমিই হচ্ছি প্রথম ব্যক্তি যার সঙ্গে সুভাষ বসুর নিবিড় পরিচয় ঘটে। জাপানের সম্মানিত ব্যক্তিরা এক জায়গা থেকে আর এক জায়গায় যাতায়াতের পথে যেখানে বিশ্রাম গ্রহণ করেন সে জায়গাটার নাম হল 'বিলেট ভিলা'। সেখানেই নেতাজীর সঙ্গে আমার দেখা হয়। সেদিন ছিল রবিবার। আমি একজন একনিষ্ঠ ক্যাথলিক খৃষ্টান, সকালে চার্চে যাচ্ছিলাম প্রার্থনার জন্য। তখনই জাপানের চিফ অফ্ স্টাফ এর পাঠানো একটি স্টাফ কার রাস্তা থেকে আমাকে তুলে নিল। তারা আমাকে জানালো যে চিফ অফ স্টাফ নির্দেশ দিয়েছেন, আমি যেন আমার ক্ষৌরকার্য্যের জিনিসপত্র একটা কিট ব্যাগে ভরে নিয়ে যাই। আমাকে নাকি একটা স্পেশাল মিশনে যেতে হবে।"
"আপনার কাজটা বেশ বৈচিত্রময় ছিল বলুন?"
আমার কথার জবাব না দিয়ে উনি আমাকে বললেন "ঐ ভিলাতে কার সঙ্গে আমার দেখা হ'ল জানো? নেতাজীর সামরিক ইউনিফর্মে স্বয়ং সুভাষ চন্দ্র বসু। অজস্রবার আমি ইউনিফর্ম পরিহিত নেতাজীর ছবি দেখেছি জাপানী সংবাদপত্রে। সে কারণেই তাকে চিনতে আমার অসুবিধা হয়নি। নেতাজীর সঙ্গে আমার দেখা হওয়াটা খুব দীর্ঘদিনের স্মৃতি নয়, মাত্র ছ'বছর আগের কথা। এই সময়ের মধ্যে নেতাজীর মাথায় নতুন করে কোন চুল গজায় নি, শুধু মাথার পিছন দিকের চুলে সামান্য ধূসর রং এর ছোপ লেগেছে। একজন পেশাদার ক্ষৌরকার হিসাবে আমার চোখে পড়ল এখন তার চুল কাটাটা খুব দরকার। তাহলেই তার পুরানো তরতাজা হাসিখুশি চেহারাটা ফিরে আসবে।"

আমি কর্নেলকে বললাম “আপনি একজন দক্ষ মনস্তাত্ত্বিকও বটে।”

আমার কথা কানে না নিয়ে উনি বলে চললেন “আমি নেতাজীকে সম্বোধন করলাম ‘ইউর এক্সেলেন্সি’ বলে। পর মুহূর্তেই ভ্রম সংশোধন করে বাংলাতে বললাম, ‘নেতাজী আসুন, চুল কেটে দিই।’ নেতাজী নিশ্চয়ই দীর্ঘদিন বাদে কারো মুখে বাংলা কথা শুনলেন। তিনি একটু হেসে আমাকে বাংলাতেই বললেন ‘তুমি বাংলা কোথায় শিখলে?’, আমি উত্তর দিলাম – ‘কলকাতায়’। আমার এই উত্তরটাই তার বিশ্বাস অর্জনের পক্ষে যথেষ্ট ছিল। তিনি আবার বাংলাতেই আমাকে বললেন, ‘রেডিওটা চালু করে দাও’।”
টিঙ্গ আবার বলতে শুরু করলেন, “রেডিও চালু হতেই আমরা এক আমেরিকান ঘোষকের কণ্ঠ পেলাম, ‘চিনে হাজার হাজার জাপানী সেনা আত্মসমর্পণ করছে। রাশিয়ার সেনারা চারজণ জাপানী জেনারেলকে বন্দী করেছে’।” “নেতাজী জানতে চাইলেন, ওই চারজন বন্দী জেনারেলের মধ্যে সেইদেই আছে কিনা। কিন্তু আমি উত্তর দিতে পারলাম না। উনি তখন বিড়বিড় করে নিজের মনেই বললেন – ‘ডাইরেনের পতন তাহলে আর বেশী দূরের কথা নয়’।”

সেই সময় বাইরে থেকে কিছু ভিজিটার এসে আমাদের ঘরের দরজাটা ধাক্কা দিয়ে খুলে দিল। সেই সঙ্গে একজন হোটেল বয় এসে ঘোষণা করল, ডিনারের সময় হয়ে গেছে, আপনারা দয়া করে খেতে চলুন।

৮. ১৯৪৯ সালে তোলা নেতাজীর একটি ফটোগ্রাফ

(ক)

ডিনারের আমন্ত্রণকে তেমন গুরুত্ব না দিয় টিঙ্গ এবং ইয়েকে নিয়ে আমি তাইপেই গ্র্যান্ড হোটেলের কাঁচে ঘেরা বারান্দায় এলাম। সেখান থেকে ইউয়ানসান পাহাড়ের গায়ে আলোকমালা এবং আলোকোজ্জ্বল বিমানবন্দর স্পষ্ট দেখা যাচ্ছিল। শহরের বুক চিরে ছুটন্ত গাড়ীর হেডলাইটগুলির শোভাযাত্রাও চমৎকার দেখা যাচ্ছিল।

একটা জেট লাইনার লাল, হলুদ এবং সবুজ আলোর সংকেত দেখিয়ে আকাশে ভাসছিল। মনে হচ্ছিল আমার যদি দু'টো ডানা থাকত, তবে এই মুহূর্তেই আমি নেতাজীর সন্ধানে ডাইরেনের উদ্দেশ্যে উড়ে যেতাম।

টিঙ্গ নিজের জন্য আর একটা ডবল হুইস্কির অর্ডার দিলেন। তখন তিনি কথা বলার মেজাজে ছিলেন। আরও কিছু তথ্য বার করার উদ্দেশ্যে টিঙ্গকে একটু উস্কে দিয়ে আমি তাকে বললাম "নেতাজী সম্পর্কে এতক্ষন আপনি যা শোনালেন, সে তো এক আশ্চর্যজনক কাহিনী। কিন্তু সে সবের সপক্ষে আপনার কাছে কোন দুর্ভেদ্য প্রমাণ আছে কি?"
আমার দিকে সোজাসুজি তাকিয়ে তিনি প্রশ্ন করলেন "তুমি প্রমাণ চাও? আমার কাছে এখানেই একটি প্রমাণ আছে যা হয়ত তোমাকে সন্তুষ্ট করতে পারবে।"
তিনি তার কোটের পকেট থেকে বেশ বড় সড় একটা ফটোগ্রাফ বার করে আনলেন। আমার চোখের সামনে সেটা রেখে তিনি বললেন "এবার দেখ তো মিঃ সিনহা, এই মানুষটিকে তুমি চিনতে পারো কিনা? ভালো করে খুঁটিয়ে দেখ।"

প্রথম দৃষ্টিতেই আমি চিনতে পারলাম, এটা সুভাষ বাবুর ফটোগ্রাফ। এ বিষয়ে বিন্দুমাত্র সন্দেহের অবকাশ নেই। সেই বুদ্ধিদীপ্ত চেহারা, দৃঢ় প্রত্যয়ী চোখ, ঠোঁটে মৃদু হাসি, চওড়া কপাল – সুভাষ বসু ছাড়া এ মুখ অন্য কারো হতেই পারেনা।

কিন্তু এ মুখ তার স্বদেশের মানুষের কাছেও খুব পরিচিত মুখ নয়। এই সুভাষ বার্লিনে ইউরোপীয় পোষাকে সজ্জিত সুভাষ নয়, এই সুভাষ দূর প্রাচ্যে সামরিক পোষাকে যোদ্ধা সুভাষ নয়, এ যেন চিনা সন্যাসী কনফিউসিয়াসের মন্ত্রে দীক্ষিত মাঞ্চুরিয়া থেকে আসা এক অন্য মুখ, অন্য মানুষ। পিছনের প্রচ্ছদে দেখা যাচ্ছে এক স্থানীয় বন্দরের প্রতিচ্ছবি। টিঙ্গ আমাকে জানালেন এটা হ'ল ডাইরেন বন্দর। ছবিটা দেখলে মনে হয় সেটা একটা টেলি লেন্সে তোলা ছবি, ছবি তোলার মুহূর্তে তিনি বোধহয় জানতেনও না যে তার ছবি তোলা হচ্ছে।

"এটি কখনকার তোলা ছবি?" আমি জিজ্ঞাসা করলাম।

"১৯৪৯ সালের গ্রীষ্ম কালে" টিঙ্গের সংক্ষিপ্ত উত্তর।

"আপনি কি এ বিষয়ে নিশ্চিত?"

"নিঃসন্দেহে।" উত্তর দিলেন টিঙ্গ। "সে সময় আমরা মূল ভূখন্ড ছেড়ে চলে যাচ্ছিলাম। বিভিন্ন এজেন্টের মাধ্যমে তখন ডাইরেনের সঙ্গে আমার সামান্য পরিচয় ছিল। তাদেরই একজনের কাছ থেকে আমি এই ছবিটা পেয়েছি। সে সময় নেতাজী অল্প কয়েক মাসের জন্য রাশিয়ানদের হাজতে ছিলেন।"

"শেষ কবে আপনার সঙ্গে নেতাজীর দেখা হয়েছিল?" জিজ্ঞাসা করলাম আমি।

"১৯৪৮ সালে, ক্রীসমাসের সময়। সে সময় আমি কোনমতে ডাইরেন ছেড়ে পালাতে পেরেছিলাম। আমি সে সময় তিন বছর নেতাজীর সঙ্গে একই শহরে কাটিয়েছি। তখন আমি নেতাজীকে শুধু বাঁচিয়ে রাখাই নয়, রাশিয়ার গুপ্ত পুলিশ বাহিনীর চোখের আড়ালে রাখার জন্যও আমি যথা সম্ভব চেষ্টা করেছি।"

"সেই কঠিন কাজটা আপনি করলেন কি করে?" আমি জিজ্ঞাসা করলাম।

"সে কথা বলতে গেলে আমাকে ফিরে যেতে হবে ১৯৪৫ সালের ২২শে আগস্ট তারিখে। সে দিন ছিল মঙ্গলবার। চিন-রুশ সম্পর্কের প্রশ্নে সে দিনটা ছিল একটা 'কালো দিন'।"

"সে দিনটাকে কালো দিন বলছেন কেন?"

"সে দিনই রাশিয়ান সেনাবাহিনী ডাইরেনে প্রবেশ করে। সেখানে তারা নৃশংসভাবে শুধু যে জাপানীদের হত্যা করেছে, তাই নয়। তারা তাদেরই মিত্র চিনের বহু নিরীহ অসহায় মানুষকেও হত্যা করেছে। রাশিয়ান সেনারা আমাদের চিনা মহিলাদের উপর প্রকাশ্যে অজস্র অত্যাচার করেছে, আমাদের কল কারখানা, ব্যক্তিগত সম্পত্তি অবাধে লুঠ করেছে। চিনের সাধারণ নাগরিকদের প্রতি রাশিয়ার এই বর্বর আচরণ নেতাজীকে তার মত পরিবর্তনে বাধ্য করে। প্রথমে তিনি ভেবেছিলেন যে তিনি মাঞ্চুরিয়াতে রাশিয়ান সেনা প্রধান ভ্যাসিলভস্কির সঙ্গে যোগাযোগ করবেন। তার ভাবনায় ছিল যে প্রথমে তিনি রাশিয়ান সরকারের কাছে ভারতের স্বাধীনতা যোদ্ধা হিসাবে তার অবস্থান ঘোষণা করবেন এবং তারপর তার উদ্দেশ্য সফল করার জন্য রাশিয়ানদের কাছে সহায়তা চাইবেন। নিজের ব্যক্তিগত নিরাপত্তার কথা না ভেবে সারা জীবন তিনি দেশের স্বাধীনতা অর্জনের লক্ষ্যে যুদ্ধ চালিয়ে গেছেন। কিন্তু অসহায় মানবতার প্রতি রাশিয়ানদের নিষ্ঠুর বর্বরতা তাকে তার পরিকল্পনা পরিবর্তন করতে বাধ্য করল। আমরা ওদের মতিগতি বোঝার জন্য কিছু কৌশল অবলম্বন করেছিলাম, কিন্তু সে সব কোন কাজে আসেনি। রাশিয়ার গুপ্ত পুলিশের প্রধান ছিলেন সর্বেসর্বা। নেতাজীর মত একজন বিখ্যাত যুদ্ধাপরাধী রাশিয়া শাসিত এক শহরে আত্মগোপন করে আছে – এই সত্যটা পুলিশ প্রধানের মস্কোর উর্দ্ধতম কর্তাদের কাছে ব্যাখ্যা করাটা তার পক্ষে খুবই অস্বস্তিকর হ'ত। এমনকি এ খবর মস্কোতে পৌঁছাবার আগে পুলিশ প্রধানই হয়ত নেতাজীকে গুলি করে দিতেন। আমি এই বিষয়ে প্রায় নিশ্চিত ছিলাম এবং সে কারণেই আমি ব্যবস্থা করলাম যে যতক্ষন বাইরে থেকে অন্য কোন ব্যবস্থা না করা যাচ্ছে ততদিন নেতাজীকে আত্মগোপন করেই থাকতে হবে।"

"বাইরে থেকে বলতে আপনি কি বোঝাতে চাইছেন?" টিঙ্গকে জিজ্ঞসা করলাম আমি।

“আমি বলতে চাইছি যে যতক্ষণ পর্য্যন্ত নেতাজীর স্বদেশের উচ্চতম কূটনৈতিক পর্য্যায় থেকে বিষয়টি গৃহীত না হয় ততদিন নেতাজীকে আত্মগোপন করে থাকতে হবে।”

“কিন্তু ভারতবর্ষের কূটনৈতিক স্তরে বিষয়টাতো জানাই ছিলনা যে নেতাজী ডাইরেনে আত্মগোপন করে আছেন।”

টিঙ্গ এবার বললেন “এই সংবাদটা ভারতের কূটনৈতিক দপ্তরে পৌঁছে দেবার জন্য আমি আপ্রাণ চেষ্টা করেছিলাম। আমি নিজে জীবনের ঝুঁকি নিয়ে নানকিংএ তোমাদের রাষ্ট্রদূতের দপ্তরে দেখা করেছি এবং নেতাজীর জন্য কিছু একটা করার জন্য অনুরোধ জানিয়েছি। কিন্তু চিনা কম্যুনিস্টদের সঙ্গে তাদের বন্ধুত্বের সম্পর্ক ছিল এবং তাদেরকেই বিশ্বাস করত। এমন কি আমাকে তারা ভাবত যে আমি পয়সার বিনিময়ে আমেরিকান গুপ্তচর সংগ্রহের যোগানদার।”

“আচ্ছা, নানকিংএ ভারতীয় দূতাবাসে ঠিক কোন ব্যক্তিটির কাছে আপনি নেতাজী সম্পর্কিত সংবাদটি দিয়েছিলেন?”

টিঙ্গ উত্তরে বললেন, “প্রায় ডজনখানেক লোকের কাছে কুবাক্য এবং অপমান সহ্য করার পর শেষ পর্য্যন্ত আমি তোমাদের এক মিলিটারী অ্যাটাচের সাক্ষাৎকার গ্রহণের সুযোগ পেলাম। তিনি ছিলেন সেই দূতাবাসের সর্ব্বোচ্চ পর্য্যায়ের অফিসার।”

“সেই অফিসারের নামটা কি আপনার মনে আছে?” টিঙ্গকে জিজ্ঞাসা করলাম আমি।

“সেই অফিসারটির নাম ছিল ব্রিগেডিয়ার ঠক্কর। পরে নানকিং এর কূটনৈতিক সূত্রে আমি জেনেছি যে আমার সঙ্গে কথা বলার জন্য ব্রিগেডিয়ার ঠক্করকে বিস্তর তিরস্কার শুনতে হয়েছে।”

“কিন্তু ব্রিগেডিয়ার তো কোন অন্যায় করেননি!” আমি মন্তব্য করলাম।

“তোমাদের দিল্লীও আমার সঙ্গে কথা বলার অপরাধে ব্রিগেডিয়ারকে ছেড়ে কথা বলেনি। আমি শুনেছি পরে ওই ব্রিগেডিয়ার ঠক্করকে নিজের পদ থেকে নামিয়ে দেওয়া হয় এবং আরও নানাভাবে অপদস্ত করা হয়।”

“অত্যন্ত পরিতাপের কথা” টিঙ্গ এর কথার উপর আমি মন্তব্য করলাম।

"তোমাদের দেশ পিকিংএ চিনা কম্যুনিস্ট পার্টির সঙ্গে কূটনৈতিক সম্পর্ক স্থাপন করার পর দিল্লীর পক্ষ থেকে নেতাজীর ব্যাপারে আর কোন তদন্ত হবে এমন সম্ভাবনা আর আদৌ রইল না।"

টিঙ্গ এর মন্তব্যের উত্তরে আমি প্রশ্ন করলাম, "আপনার এমন একটা সিদ্ধান্তে পৌঁছাবার কারণ কি?"

"আমি জাতীয়তাবাদী চিনা সরকারের একজন কর্মচারী ছিলাম এবং সেটাই ছিল আমার নেতাজী সম্পর্কিত তথ্য অথবা সংবাদ সংগ্রহের একমাত্র উৎস। আমাদের সঙ্গে যে কোন যোগসূত্রই ছিল দিল্লীর কাছে এক নিষিদ্ধ বস্তু এবং এর একমাত্র কারণ হল দিল্লীর উপর চিনা কম্যুনিস্ট পার্টির প্রবল প্রভাব। আমি জানলে অবাক হবো না যে চিনা কম্যুনিস্ট পার্টির প্রভাবেই ভারত সরকার এত তাড়াতাড়ি নেতাজীকে মৃত বলে ঘোষণা করেছে।"

এবার আমি টিঙ্গকে বললাম, "আমরা বোধহয় নেতাজী সম্পর্কে ব্যক্তিগত আলোচনায় ঢুকে যাচ্ছি। আপনি আমাকে ডাইরেনে নেতাজীর জীবনচর্যা সম্পর্কে কিছু তথ্য দিতে পারেন?"

"সান্ধ্য ভোজনের পর আমরা এ বিষয়ে আলোচনা করব" টিঙ্গ সংক্ষিপ্ত জবাব দিলেন।

(খ)

"ডাইরেনে তোলা নেতাজীর ফটোগ্রাফটা কি আমাকে দিতে পারেন?" আমি সরলভাবে প্রশ্ন করলাম টিঙ্গ কে।

"আমার জায়গায় কর্মরত সেই বন্ধু, যে আমাকে এই ফটোটা পাঠিয়েছিল, সে চিনা কম্যুনিস্ট পার্টির এজেন্টদের হাতে খুন হয়েছে। কে বলতে পারে, নেতাজীর বন্ধু এবং তার প্রতি সহানুভূতিশীল যে সব পরিবার, রাশিয়ানরা একই ভাবে তাদেরকেও খুন করবেনা? এই ফটো যদি মস্কো পৌঁছায়, তবে নিশ্চিত ভাবে সেটাই ঘটবে।"

"তা হলে আপনি আমাকে কেন দেখালেন ছবিটা?"

"না হলে তুমি বিশ্বাস করতেনা যে নেতাজী সত্যিই তাইপেই-এর বিমান দুর্ঘটনায় মারা যাননি, সশরীরে তিনি ডাইরেনে পৌঁছেছিলেন। তোমাদর

ভারত সরকার তো নেতাজীর মৃত্যুর খবরটাই মানুষকে বিশ্বাস করাতে চেয়েছিল।"

"এ তো আমাদের ভারতের মানুষের কাছে এক চমকপ্রদ খবর।"

আমার কথার জবাবে টিঙ্গ বললেন, "শুধু তোমাদের কাছেই নয়, সমগ্র এশিয়-রাশিয়ান রাজনীতিতেও এ এক বিস্ফোরক সংবাদ।"

আমার কৌতূহলের অন্ত নেই।

আবার টিঙ্গকে প্রশ্ন করলাম, "আচ্ছা, রাশিয়ান সেনাবাহিনী ডাইরেনে প্রবেশ করার পর কি ঘটল?"

"চিনের শান্তিপ্রিয় নাগরিকদের প্রতি রাশিয়ান সেনাদের নিষ্ঠুরতা চেঙ্গিস খানের বর্বরতার সঙ্গে তুলনীয়। অতএব নেতাজীর কাছে সে মুহূর্তে একমাত্র কাজ ছিল, যতক্ষণ পর্য্যন্ত রাশিয়ানদের নারকীয় বিজয়োৎসব শেষ না হচ্ছে, ততক্ষণ মাটিতে মুখ গুঁজে আত্মগোপন করে থাকা। আমার অনুরোধে তিনি তার সামরিক পোষাক ত্যাগ করে এক কনফিউসীয় পন্ডিত ব্যক্তির ছদ্মবেশ ধারণ করলেন। তার সঙ্গে আমাদের মুখাবয়বের সাদৃশ্য অবশ্য কাজটাকে বেশ খানিকটা সহজ করে দিয়েছিল। আমি আমার এক ব্যবসায়ী বন্ধুর ব্যক্তিগত মন্দিরে নিয়ে গেলাম তাকে। তিনি অত্যন্ত ভালোভাবে নেতাজীর দেখভাল করেছেন। আমার সেই বন্ধুর নাম তাওলিন। বার্মার সীমান্ত অঞ্চলে ইউয়েনান প্রদেশে তার বাড়ী। আমার কাছে জাতীয়তাবাদী চিনের কিছু ফাঁকা পাসপোর্ট ছিল। আপৎকালে কাজে লাগতে পারে বলে আমি সেগুলি সংগ্রহ করে রেখেছিলাম। তাই দিয়ে আমি নেতাজীর একটি জাল পাসপোর্ট তৈরী করলাম। পাসপোর্টে তার পরিচয় দেখানো হল, নাম তাওলিন, জন্ম ২৩শে অক্টোবর, ১৮৯২, জন্মস্থান ইউয়েন।"

"এ ভাবেই তাহলে নেতাজী চীন জাতীয় হিসাবে পরিচিত হয়েছিলেন?"

আমার প্রশ্নের জবাবে টিঙ্গ বললেন, "ঠিক তা নয়, বরং আমি বলব এভাবে তিনি চিনা নিরাপত্তার মধ্যে ছিলেন। তার কিছুদিন পর ১৯৪৫ সালের ২৬শে আগষ্ট আমাদের সরকার ডাইরেনকে নিয়ে রাশিয়ার সঙ্গে এক চুক্তিপত্রে সাক্ষর করে। এই চুক্তিপত্রে ডাইরেনকে একটি মুক্ত বন্দর বলে উল্লেখ করা হয়, তবে এই বন্দরের নিয়ন্ত্রনকর্তা হিসাবে থাকবে একজন রাশিয়ান। বন্দর থেকে বেরুবার ছাড়পত্র সম্পূর্ণভাবে থাকবে সেই রাশিয়ান অধিকর্তার

নিয়ন্ত্রনে। ডাইরেনের অর্দ্ধেক মালিকানা লিজ নেবে রাশিয়া। কিন্তু যুদ্ধের সময় ডাইরেন থাকবে পোর্ট আর্থারের সামরিক নিয়ন্ত্রনে। এই চুক্তি স্বাক্ষরিত হবার পর আমরা ভেবেছিলাম রাশিয়ানদের আচরণে এবার বুঝি কিছু নমনীয়তা আসবে। কিন্তু প্রকৃতপক্ষে ডাইরেন হয়ে রইল রাশিয়ানদের বন্দী শিবির। আর নৌবাহিনীর নিয়ন্ত্রন থাকবে যৌথভাবে চীন এবং রাশিয়ার হাতে। এমতাবস্থায় শহরের বাইরে যাওয়া আথবা বাইরের পৃথিবীর সঙ্গে যোগাযোগ রক্ষা করা অত্যন্ত কঠিন কাজ হয়ে পড়ল। নেতাজীকে বৃথাই বাইরে থেকে আসা সাহায্যের জন্য অপেক্ষা করতে হ'ল।"

"এটা তো নিশ্চয়ই নেতাজীর পক্ষে একান্ত হতাশার বার্তা ছিল" আমি বললাম।

"অবশ্যই! তিনি প্রচুর কষ্ট পেয়েছেন, কিন্তু তার এখান থেকে বেরুবার কোন উপায় ছিল না। এরপর রাশিয়ান কর্ত্তৃপক্ষ সমস্ত চিনাদের জাতীয়তা এবং তাদের পাসপোর্ট পরীক্ষা করতে শুরু করল। এ ব্যাপারে তাদেরকে প্রচুর সহায়তা করেছে চিনা কম্যুনিস্ট পার্টি অথবা চাইকম বন্ধুরা। যাইহোক আমি যতদিন ডাইরেনে ছিলাম, ততদিন নেতাজীর নিরাপত্তা নিয়ে কোন সংশয় বা দুর্ভাবনা ছিলনা। কিন্তু সমস্যা দেখা দিল যখন আমি নাবিকের ছদ্মবেশে একটি মাছধরা নৌকাতে চেপে ডাইরেন ছেড়ে পালালাম। আমি একই পদ্ধতিতে নেতাজীকেও বের করে আনার চেষ্টা করেছিলাম, কিন্তু সেই চেষ্টা ব্যর্থ হয়েছিল।"

আমার তো শ্রোতার ভূমিকা, বললাম "বুঝলাম, তারপর?"

"তারপর চিনের মূল ভূখন্ডে বিরাট দুর্যোগ নেমে এল ১৯৪৯ সালের শরৎকালে। আমাদের সরকার চিনের মূল ভূখন্ড ত্যাগ করে এই ফরসোসো দ্বীপে নিজেদের অস্তিত্ব স্থাপন করতে বাধ্য হল। এই স্থানান্তরকরণের সময় আমাদের বহু গুরুত্বপূর্ণ এবং গোপন নথিপত্র চিনা কম্যুনিস্ট পার্টির হাতে চলে গেল।"

"বিশ্বের সমস্ত জাতীয়তাবাদী চিনা মানুষের কাছে ঐ ঘটনা নিশ্চয়ই এক অত্যন্ত কঠিন আঘাত!" আমি বললাম।

"শুধু আমরাই নয়, নেতাজীও এই আঘাতের শিকার হয়েছিলেন।"

"কেন? কি হয়েছিল নেতাজীর?" আমি জানতে চাইলাম।

“যখন চিনা কম্যুনিস্ট পার্টির গুপ্ত পুলিশ নানকিং এ ডাইরেনের গোপন রিপোর্ট হাতে পেয়ে গেল, তখন তারা আমার গোপন কর্মকান্ড এবং নেতাজীর সঙ্গে আমার গোপন সংস্রবের কথাও জেনে গেল। তারা ডাইরেনে নেতাজীর উপস্থিতি সম্পর্কে রাশিয়ানদের সতর্ক করে দিল। অল্প সময়ের মধ্যেই রাশিয়া নেতাজীকে হাতে পেয়ে গেল।”

“তারপর?” জিজ্ঞাসা করলাম আমি।

“এখানে তাইপেইয়ে বসে ডাইরেনের সঙ্গে যোগাযোগ কিংবা খবরাখবর রাখা আমার পক্ষে খুব কঠিন হয়ে উঠছে। তবে তোমাকে আমি কিছু সূত্র দেবো, যগুলি অনুসরণ করে চললে তোমার তদন্তের কাজে বেশ কিছু সুবিধা হবে।”

নেতাজী রাশিয়ানদের হাতে বন্দী - এই সংবাদটি নিঃসন্দেহে আমার অনুসন্ধানের কাজকে অত্যন্ত অসুবিধাজনক করে তুলল।

(গ)

হোটেলে ফিরে আমি দেখলাম, আমার জন্য একটি বিল পড়ে আছে। আমার লেখালেখি বাবদ আমি আমার বিদেশী প্রকাশকদের কাছ থেকে যে সামান্য পরিমাণ অর্থ পেতাম, তা এই বিলের অংকের তুলনায় এতটাই নগণ্য যে তা দিয়ে ফরমোসায় জীবন ধারণের খরচ চালানো যায়না। আমার সঙ্গে টোকিওতে ফিরে যাবার টিকিটটি ছিল। সেটি ফেরৎ দিয়ে আমি হোটেলের বিল মেটালাম।

তারপর আমি হোটেল ছেড়ে বেরিয়ে পড়লাম এয়ারপোর্টের উদ্দেশ্যে। এবার আমার লক্ষ্যস্থল হংকং।

৯. নেতাজীর শেষ বার্তা

(ক)

আজ ২৬শে জানুয়ারী, ১৯৬৫। এটি হল আমাদের ভারতের ১৫তম প্রজাতন্ত্র দিবস। তিন দিন আগে আমরা নেতাজীর ৬৮তম জন্মদিন পালন করেছি। ঘুম থেকে উঠেই আমি একটুকরো কাগজ পেলাম, তাতে রাশিয়ান ভাষায় লেখা : "VOSPOMNICHE MOI JAIHIND" (আমার জয়হিন্দকে স্মরণ করুন।)

একজন আর্মি অফিসার এই কাগজটি আমাকে দিয়েছিলেন। তিব্বতে চিনা কম্যুনিস্ট পার্টির বন্দীদশা থেকে তিনি সদ্য মুক্তি পেয়েছেন। আমার হঠাৎ মনে হ'ল এটা বুঝি রাশিয়ায় বন্দী থাকা আমার দেশেরই কোন ব্যক্তিরই শেষ বার্তা।

(খ)

বেশ কয়েক বছর আগে আমাদের দেশের প্রধানমন্ত্রী জওহরলাল নেহেরুর সঙ্গে আমার তীব্র মতবিরোধ ঘটেছিল। ভারতের জীবন এবং স্বাধীনতার উপর চিনা কম্যুনিস্ট পার্টির ভীতিজনক ছায়া পড়েছে, এ কথা তিনি বিশ্বাস করেননি। আমিই রাশিয়া থেকে ফিরে তার কাছে এই রিপোর্ট দাখিল করেছিলাম। যেহেতু চিনা কম্যুনিস্ট পার্টির ক্ষতিকারক ভূমিকা সম্পর্কে আমার বিশ্বাসের ভিত্তি অনেক দৃঢ় ছিল, এবং প্রয়োজনে আমার দেশের জনগণের কাছে চিনা কম্যুনিস্ট পার্টির ভীতিজনক দিকটি উদ্ঘাটনের লড়াই আমি একাই শুরু করব, এরকম একটা মনোভাবের দ্বারা তাড়িত হয়ে আমি ভারতের পার্লামেন্টের সদস্যপদ পরিত্যাগ করলাম।

দু'বছর আগে চিনা কম্যুনিস্ট পার্টির বিরুদ্ধ সর্বাত্মক সংগ্রাম শুরু করার ফলে আমাকে দু'বছরের জন্য জেলে পাঠানো হয়েছিল। চাইকমের এজেন্টরা ইতিমধ্যে ভারতীয় গোয়েন্দা বিভাগের সঙ্গে গভীরভাবে মিশে গিয়েছিল। এমনকি তদের মধ্যে আমাকে হত্যা করার পরিকল্পনাও ছিল। শেষ পর্য্যন্ত জওহরলাল নেহেরুর হস্তক্ষেপে আমি মুক্তি পাই।

জেল থেকে আমি মুক্তি পেলাম ৩১শে জানুয়ারী ১৯৬৩। কিন্তু সে সময় এক অদ্ভূত হতাশা যেন আমাকে গ্রাস করে ফেলল। এর আগে কখনও আমি এমনটি বোধ করিনি। চিনা কম্যুনিস্ট পার্টির হাত থেকে স্বদেশ এবং জন্মভূমিকে রক্ষা করার স্বপ্ন বোধহয় শেষ হয়ে গেল। এ ছাড়া গত দু'সপ্তাহ আমাকে ভূগর্ভস্থ কারাগারের মধ্যে যে অত্যাচার করা হয়েছিল, তা যেন আমার জীবনের সমস্ত আনন্দ নিংড়ে বার করে নিয়েছিল।

সে রাতে আমি জেলের একটা ছেঁড়া ফাটা কম্বল কোনমতে গায়ে জড়িয়ে হাজারিবাগের জঙ্গলের মধ্য দিয়ে হাঁটতে শুরু করলাম। আমার নিজের বাড়ী হল রাঁচিতে। সেখান থেকেই ওরা আমাকে গ্রেপ্তার করে। যাই হোক, গভীর রাতে শেষ পর্য্যন্ত আমি রাঁচি যাবার রাস্তায় এসে পৌঁছালাম।

কিছুক্ষণ বাদে আমি এক সেনা অফিসারের গাড়ীকে হাত দেখিয়ে থামালাম। তিনি দয়া করে আমাকে একটা লিফ্ট দিলেন। আমার গায়ে একটা ওভারকোট জড়িয়ে দিয়ে তিনি আমাকে প্রশ্ন করলেন "ক্ষিধে পেয়েছে? আমার কাছে কিছু স্যান্ডউইচ আছে, এখন ওগুলো খেয়ে নাও, বাকী কথা পরে হবে। বাইরে এখন ভীষণ ঠান্ডা। তাছাড়া আমি শুনেছি জঙ্গল থেকে বেরিয়ে একটা বাঘ নাকি এ অঞ্চলে ঘোরাঘুরি করছে, যদিও আমি জানি যে বনের বাঘও চাইকমদের থেকে বেশী হিংস্র হ'তে পারে না।"

সামনে একটা পেট্রল পাম্পে গাড়ীতে তেল ভরা হল। তখনই আমাদের মধ্যে আনুষ্ঠানিক পরিচয় ঘটল। তিনি হলেন ক্যাপ্টেন আর .....। তিব্বতে চাইকমদের হাতে বন্দী থাকার পর রাঁচিতে তার ইউনিটে ফিরছেন। চিনা

আক্রমণের উপর আমার লেখা একটি বই এর সূত্রে তিনি আমাকে জানতেন। পকেট থেকে একটি দোমড়ানো মোচড়ানো কাগজ বার করে তিনি সেটি আমার চোখের সামনে মেলে ধরলেন। তারপর সাবধানী কণ্ঠে আমাকে জিজ্ঞাসা করলেন "তুমি কি এই কাগজে লেখা কথাগুলি আমার জন্য রাশিয়ান ভাষায় অনুবাদ করতে পারবে?"

সেই কাগজের টুকরোটিতে লেখা আছে তিন শব্দের একটি বার্তা। আমি জানতে চাইলাম,"আপনি এটা পেলেন কোথায়?"

"একেবারেই অস্বাভাবিক পরিস্থিতিতে এটা আমার হাতে এসেছে। তিব্বতে চাইকম বাহিনীর এক চিনা-রুশ উপদেষ্টা একদিন গোপনে এটি আমার হাতে তুলে দিয়েছিলেন। তিনি এসেছিলেন ডাইরেন থেকে, চিন এবং রাশিয়ার মিশ্ররক্তের মানুষ। ডাইরেনের যেখান থেকে তিনি এসেছিলেন, মানচিত্রে সেটি চিনা-রাশিয়ান অঞ্চল বলে চিহ্নিত। তার নাম হ'ল ইভান লিং। তার বক্তব্য হল, একজন ভারতীয় যিনি জাপানের আত্মসমর্পনের পর ডাইরেনে জাতীয়তাবাদি চিনের নিরাপত্তা বলয়ে ছিলেন, পিকিংএ চিনা কম্যুনিস্ট পার্টি ক্ষমতায় আসার পর সেই ব্যক্তিকে রাশিয়ানদের হাতে তুলে দেওয়া হয়।"

"রাশিয়ানরা তাকে নিয়ে কি করল?"

"কে.জি.বি. (রাশিয়ার গুপ্ত পুলিশ সংস্থা) তাকে জিজ্ঞাসাবাদের জন্য ধরে নিয়ে যায়। ইভান তখন সেখানে জেল ওয়ার্ডার হিসাবে কাজ করত। যে ভাবেই হোক ইভানের সঙ্গে সেই ভারতীয় ব্যক্তিটির বন্ধুত্বের সম্পর্ক গড়ে উঠেছিল। ইভান যখন তাকে জানালো যে তাকে চিনা কম্যুনিস্ট পার্টির তিব্বত শাখায় বদলি করা হয়েছে, তখন সেই ভারতীয়টি তার হাতে এই তিন শব্দের বার্তাটি তুলে দেয় এবং অনুরোধ করে যে সে যেন ভারতীয় ব্যক্তিটির সেই বার্তা সম্ভব হ'লে তার স্বদেশে পৌঁছে দেয়।"

আমি আবার তাকে জিজ্ঞাসা করলাম, বার্তাটির প্রেরক কে হতে পারে, কিন্তু ক্যাপ্টেনের কাছ থেকে কোন উত্তর পাওয়া গেলনা।

তিন অক্ষরের সেই বার্তাটি এর পর থেকে আমাকে সতত উদ্দীপ্ত করেছে। আমি অব্যাহত ধারায় সেই বার্তার লেখককে খুঁজে পাওয়ার চেষ্টা করেছি।

ফিনল্যান্ড থেকে ফরমোসা পর্য্যন্ত আমার সাধ্যমত আমি তাকে খুঁজে বেড়িয়েছি।

(গ)

১৯৬৫ সালের ২৬শে জানুয়ারী, রাঁচির আঞ্চলিক সামরিক ইউনিট টেগোর হিলের পাদদেশে একটি প্যারেডের আয়োজন করেছিল। ক্যাপ্টেন আর ...., যিনি এখন তার কর্মস্থল থেকে অবসরপ্রাপ্ত, আমাকে দেখে ভি.আই.পি এনক্লোজার থেকে বেরিয়ে এলেন। আমাকে অভিনন্দন জানিয়ে তিনি বললেন, "আপনি নেতাজীর গতিবিধি অনুসন্ধানের জন্য ছুটে বেড়াচ্ছেন জেনে খুশী হ'লাম। নেতাজীর জন্মদিনে খবরের কাগজে আমি সে সব বৃত্তান্ত পড়েছি।"

"কিন্তু আমি তো এখনও সেই তিন শব্দের বার্তার লেখককে খুঁজে বেড়াচ্ছি, আজও তার সন্ধান পাইনি।"

ক্যাপ্টেন এবার প্রস্তাব দিলেন "আমরা কোন নিরিবিলি জায়গায় গিয়ে বসি। সেখানে বসেই আমরা পরস্পরের মধ্যে আমাদের জানা তথ্য বিনিময় করতে পারব।"

টেগোর হিলের মাথার উপর মন্দিরটাতে গিয়ে বসলাম আমরা।

দূরে পাহাড়ের চূড়ার মাথার উপর সূর্যোদয়ের আলোয় লাল হয়ে যাওয়া আকাশের দিকে ক্যাপ্টেন তাকিয়ে রইলেন খানিকক্ষণ, তারপর উঠে গিয়ে একটা আল্‌গা পাথর গড়িয়ে দিলেন নীচের দিকে। আমি একটু অবাক হয়ে জিজ্ঞাসা করলাম, "এটা কি সূর্য্য দেবতার প্রতি আপনার শ্রদ্ধার্ঘ প্রদান?"

"না", দূরে দৃশ্যমান রাঁচির উন্মাদ আশ্রমের দিকে তাকিয়ে থাকতে থাকতে তিনি উত্তর দিলেন "আমার বোধ হয় মস্তিষ্ক বিকৃতি ঘটছে।"

"সে কি! এটা কি বোমা বিস্ফোরণের ফলে?"

"না, না! এসব ভাবনার মধ্য দিয়েই আমি আমার বিবেকের ভোঝা লাঘব করার চেষ্টা করি।"

আমি ক্যাপ্টেনের কাছে জানতে চাইলাম "কি এমন বিষয় যা আপনাকে এত যন্ত্রনা দিচ্ছে?"
"সেটা ব্যাখ্যা করে বোঝানো শক্ত, আমাদের দুর্ভাগ্যের কোন অন্ত নেই।"
আমি ক্যাপ্টনকে সান্ত্বনা দিয়ে বললাম, "আমরা যদি চাইকম বাহিনীকে পরাস্ত করতে পারি, তখন দেখবেন সব ঠিক হয়ে যাবে।"
ক্যাপ্টেন এবার আমার দিকে তাকিয়ে বললেন, "আপনি তিন শব্দের ওই বার্তাটি আমার জন্য অনুবাদ করে দিয়েছিলেন। আমার গভীর দুঃখের মুহূর্তে কল্পনায় আমি দেখতে পাই ডাইরেনে আমার অসহায় দেশবাসীরা কি অসহ্য যন্ত্রনায় ভুগছে। কিন্তু যিনি আমার কাছে ওই বার্তাটি পাঠিয়েছেন, তিনি আমাদের থেকেও হাজারগুণ বেশী যন্ত্রণায় ভুগছেন। সে কথা ভাবলে মনে হয়, আমাদের দেশের জন্য দুঃখবোধ করার কোন অধিকার আমাদের আছে কী?"

(ঘ)

আমরা অখন্ড নিঃশব্দতার মধ্যে বসে রইলাম খানিক সময়। মাথার উপর দিয়ে বিকট শব্দ করে উড়ে গেল একটা এরোপ্লেন। ক্যাপ্টেন আর.... দৃশ্যতঃই উত্তেজিত এবং বিরক্ত ছিলেন। নেতাজী তদন্ত কমিটির সরকরী রিপোর্টের একটা কপি বার করে তিনি বললেন, "আমি খুব যত্নের সঙ্গে আপনাদের সরকারী রিপোর্ট দেখলাম। অত্যন্ত ধোঁয়াটে, প্রতারনায় ভরা, বিভ্রান্তি এবং পরস্পর বিরোধীতায় ভরা এই রিপোর্ট। এই রিপোর্ট থেকে স্পষ্ট বোঝা যাচ্ছে কি ভাবে আমাদের রাজনৈতিক নেতৃত্ব তাদের রাজনৈতিক উদ্দেশ্য চরিতার্থ করার জন্য নেতাজীর অস্তিত্বকেই অস্বীকার করতে চেয়েছে। এই আচরণের মধ্য দিয়ে তারা প্রতারনা এবং জালিয়াতির আড়ালে নিরপেক্ষ তদন্তের ধারণাটাকেই কলঙ্কিত করেছে।"

আমাকে এমিলি জোলার কথা স্মরণ করিয়ে দিয়ে ক্যাপ্টেন আর..... নেতাজী সংক্রান্ত তদন্ত বিষয়ে এক গাদা অভিযোগ উত্থাপন করে বললেন, "আমি নেতাজী তদন্ত কমিটির বিরুদ্ধে সুনির্দিষ্ট অভিযোগ তুলে বলতে চাই যে এই

কমিটি সর্বপ্রকার মানবিক বিবেচনাকে ইচ্ছাকৃত ভাবে উপেক্ষা করে নেতাজীকে মৃত ঘোষণা করেছেন। কিন্তু সমস্ত যুক্তিনির্ভর অনুসন্ধান প্রমাণ করেছে যে নেতাজী রাশিয়ানদের হাতে বন্দী হয়েছিলেন ডাইরেনে। এই বিষয়ে একটি জ্বলন্ত প্রমাণ হল চিনা কম্যুনিস্ট পার্টির হাতে তিব্বতে আমার বন্দীদশা। এই ঘটনা নেতাজীর প্রতি ন্যায় বিচার এবং প্রকৃত সত্য উদ্ঘাটনে সহায়তা করেছে। আমাকে যদি ওরা কোর্ট মার্শাল করে, তাতে আমি ভয় পাইনা। কিন্তু আমাকে বলতেই হবে যে নেতাজী ভারতের লড়াকু ঐতিহ্যের প্রতীক ছিলেন, তাকে মৃত এবং লুপ্ত বলে দেগে দেওয়া হয়েছে। এটা বোধহয় আমাদের জাতীয় জীবনে ন্যায় বিচারের প্রতি সব থেকে বড় অবমাননা।"

"কোন না কোন দিন নেতাজী সম্পর্কিত প্রকৃত তথ্য প্রকাশিত হতে বাধ্য" আমি বললাম।

কিন্তু ক্যাপ্টেন আমার কথা উড়িয়ে দিয়ে বললেন "স্বাভাবিক পথে সে সত্য কোনদিনই জনসমক্ষে প্রকাশিত হবেনা। কোন বীর, সাহসী, দেশপ্রেমী ব্যক্তিকে সেই দায়িত্ব গ্রহণ করতে হবে যাতে দেশের জাতীয় ঘটনাপঞ্জীতে নেতাজীর প্রাপ্য সম্মানীয় স্থানটি প্রতিষ্ঠিত হয়। একমাত্র তাহলেই ভারতের বিবেক তার কৃত পাপের হাত থেকে মুক্তি পাবে।"

আমরা পাহাড়ের মাথা থেকে নীচে নেমে এলাম। মাঝপথে একটা বড় গাছের তলায় একটি জনশূণ্য বাড়ী ছিল। প্রায় পঞ্চাশ বছর আগে রবীন্দ্রনাথের দাদা জ্যোতিরীন্দ্রনাথ ঠাকুর বাড়ীটি তৈরী করিয়েছিলেন। ক্যাপ্টেন আর.... আমাকে মনে করিয়ে দিলেন "তুমি কি জানো, গুরুদেব একবার নেতাজীকে আশীর্বাদ করে বলেছিলেন, সুভাষ একদিন ভারতের পুনর্জাগরণ ঘটাবে।"

১০. নেতাজীর প্রতি অন্যায়ের সংশোধন করতেই হবে

(ক)

ফরমোসা এবং অন্যান্য জায়গা থেকে সংগৃহীত নেতাজী সংক্রান্ত দলিল পত্রাদি, যে সব আমার দেখার সুযোগ হয়েছে, সেগুলি সবই আমাদের অফিসারদের দ্বারা সমর্থিত। সে সব অফিসারেরা তিব্বতে চাইকমের কারাগারে বন্দী ছিলেন, এবং সম্প্রতি ফিরে এসেছেন। প্রচুর সংখ্যক ইউরোপীয়ান যারা ১৯৪৫ সাল থেকে সাইবেরিয়ায় বন্দী ছিলেন, ফিরে আসার পর তাদের কাছ থেকেও বহু গুরুত্বপূর্ণ তথ্য জানা গেছে। সেই সব তথ্যের সঙ্গে তুলনা করলে ভারত সরকার নিয়োজিত নেতাজী ইনকোয়ারী কমিটির রিপোর্ট প্রথম দৃষ্টিতেই নিতান্ত জলো, গুরুত্বহীন, অপ্রাসঙ্গিক, বিভ্রান্তিকর এবং ডাস্টবিনে ফেলে দেবার সামগ্রী বলে মনে হবে। শাহ নাওয়াজের তৈরী রিপোর্ট যদি কখনও আদালতে পেশ করা হয়, তবে তা নির্ঘাত রিপোর্ট প্রস্তুতকারকের মুখ পোড়াবে। সব থেকে আশ্চর্য্যের কথা, সেই রিপোর্টকে উড়িয়ে দেবার কোন চেষ্টাও অদ্যাবধি হয়নি। জওহরলাল নেহেরুর ব্যক্তিত্ব এবং প্রভাব ছিল এর প্রধান কারণ, অবশ্য যতদিন তিনি বেঁচে ছিলেন। নেহেরুর মৃত্যুর পর তার অনুগামীরাও তার ব্যক্তিত্ব এবং প্রভাবকে বাঁচিয়ে রেখেছে। তা না হলে নেতাজী সম্পর্কিত প্রকৃত তথ্য বহু আগেই দিবালোকের মত প্রকাশ্যে বেরিয়ে আসত।

নেতাজী সম্পর্কিত তদন্ত শুরু করার জণ্য প্রকৃষ্টতম স্থান হ'ল ফরমোসা দ্বীপের তাইপেই অঞ্চল। এখনও সেখানে বহু প্রত্যক্ষদর্শী ব্যক্তি আছেন, যারা ১৯৪৫ সালের বিমান দুর্ঘটনার পরেও নেতাজীকে স্বচক্ষে দেখেছেন। চাইনিজ রিপাবলিকের সর্বাধিনায়ক চিয়াং কাইসেক ১৯৪৫ সালে জাপানীদের আত্মসমর্পনের পর ফরমোসার দখল নেন। ১৯৪৯ সালের অক্টোবর পর্যন্ত ফরমোসা চিয়াং কাইসেক সরকারেরই দখলে ছিল। অতএব নেতাজী

সম্পর্কিত কোন তদন্ত শুরু করতে হলে ফরমোসা সরকারের রেকর্ডকে এড়িয়ে যাবার কোন উপায় নেই।

জওহরলাল নেহেরু যদি ব্যক্তিগত ভাবে উদ্যোগ নিতেন, তবে অনেক আগেই নেতাজী সম্পর্কিত প্রকৃত তথ্য এবং সত্য উদ্ঘাটিত হতে পারত। জওহরলাল রচিত গ্রন্থ “A bunch of old letters” এ আমরা দেখতে পাই জেনারেল চিয়াং কাইসেকের সঙ্গে নেহেরুর অত্যন্ত ঘনিষ্ঠ সম্পর্ক ছিল। তার নেতৃত্বে কংগ্রেস সরকার গঠিত হবার অনেক আগে থেকেই এই সম্পর্ক তৈরী হয়েছিল। জাপানের আত্মসমর্পনের পর নেহেরুই ছিলেন প্রথম ব্যক্তি যিনি চিয়াং কাইসেককে অভিনন্দন জানিয়েছিলেন। দিল্লীতে চিনা রিপাবলিকের কমিশনারের মাধ্যমে চিয়াং কাইসেকও নেহেরুর প্রতি কৃতজ্ঞতা জানিয়েছিলেন। সেই টেলিগ্রাম বার্তার তারিখ হ'ল ২২শে আগস্ট, ১৯৪৫। নেতাজীর মৃত্যু সংবাদ বহির্বিশ্বে প্রচারিত হয়েছিল ২১শে আগস্ট। সেই সঙ্গে নয়াদিল্লী থেকে বিমান দুর্ঘটনার কল্পিত সংবাদও প্রচারিত হয়েছিল বেতারের মাধ্যমে। টেলিগ্রামের মাধ্যমে চিনের সঙ্গে বার্তা বিনিময় এবং নেতাজীর মৃত্যু কাহিনীর সম্প্রচার ছিল একেবারেই সময়সাময়িক। নেহেরু যদি চাইতেন তবে তিনি নেতাজীর মৃত্যু সংবাদের সত্যতা যাচাই করার জন্য চিয়াং কাইসেককে অনুরোধ করতেই পারতেন। ভারতবর্ষের বহু মানুষই কিন্তু সেই সময়ে সেই মৃত্যুসংবাদকে সত্য বলে বিশ্বাস করেনি। সত্য সন্ধানের উদ্যোগের বদলে নেহেরু সেই ঘটনাকে নির্দ্বিধায় সত্য বলে গ্রহণ করেছেন এবং অন্যদেরকেও তা বিশ্বাস করার জন্য প্রনোদিত করেছেন। এই বিষয়ে তিনি এতটাই স্পর্শকাতর ছিলেন যে পার্লামেন্টে প্রশ্নোত্তর পর্বে নেতাজীর প্রতি তার অসহিষ্ণুতা গোপন থাকেনি। নেতাজীর প্রতি তার বিরাগ তার ঘনিষ্ঠ সহচরদের মধ্যেও গভীরভাবে সংক্রমিত হয়ে গিয়েছিল। ফলে নেতাজীর মৃত্যু সম্পর্কিত প্রকৃত সত্য উদ্ঘাটন করা প্রায় অসম্ভব হয়ে উঠেছিল।

জওহরলাল নেহেরু এবং সুভাষ বসুর মধ্যে চিঠি চালাচালির দিকে তাকালে দেখা যাবে সেখানে নেতাজী সম্পর্কে নেহেরুর বিরাগ প্রচ্ছন্ন থাকেনি।

২৮শে মার্চ, ১৯৩৯ তারিখে সুভাষ বাবু ক্ষোভের সুরে নেহেরুকে লিখছেন, "It never struck you that you want us to forget persons, only when certain persons are concerned. When it is a case of Subhas Bose...... you run down personalities and lionize principles etc." অর্থাৎ, "আপনার কখনও মনে হয়নি যে আমরা যেন বিশেষ কিছু কিছু ব্যক্তিকে ভুলে যাই। আর যখন সুভাষ বসুর কথা ওঠে, তখন আপনার কাছে ব্যক্তিত্ব ছোট হয়ে যায়, বড় হয়ে ওঠে নীতির কথা।"

সুভাষ বাবুর কথাই সত্য প্রমানিত হয়েছে। সুভাষ বসুর মৃত্যুর বিষয়ে জনমতের চাপে নেহেরু যখন প্রায় কোনঠাসা, তখন তার উচ্চমার্গীয় বিদেশনীতি নেতাজীর বিষয়টিকে প্রায় অচ্ছুৎ করে রেখেছে।

সুভাষ বাবু অত্যন্ত তীব্র ভাষায় নেহেরুর যুক্তিকে খন্ডন করে বলেছেন, "Foreign policy is a realistic affair to be determined largely from the point of view of a Nation's self interest .... What is your foreign policy, pray? Frothy sentiments and pious platitudes do not make a foreign policy", অর্থাৎ "বিদেশ নীতি হ'ল একটা বাস্তব ভিত্তিক বিষয় যা মূলতঃ নির্দ্ধারিত হয় একটা দেশের নিজের স্বার্থের দিকে নজর রেখে। আপনার বিদেশ নীতিটা কি? ভিক্ষা? শূণ্যগর্ভ ভাবপ্রণতা, সাধুসুলভ মামুলি ভাষণ, এসব কোনমতেই বিদেশনীতি নির্দ্ধারণের বিষয় নয়।"

জওহরলাল নেহেরু যখন ভারতের প্রধানমন্ত্রী এবং সেই সঙ্গে বিদেশ মন্ত্রীর দায়িত্ব গ্রহণ করলেন, তখন তিনি নিজের নেহেরুসুলভ বিদেশনীতি ঘোষণা করলেন যা স্বদেশের জন্য সুভাষ বাবুর অসাধারণ অবদানকে বিসৃতির গর্ভে ঠেলে দিল। সুভাষ বাবু জওহরলাল নেহেরুকে লিখেছেন, "It is no use condemning countries like Germany and Italy on the one hand and on the other, giving a certificate of good conduct to British and French imperialism" অর্থাৎ "একদিকে জার্মানি এবং

ইতালীর মতো দেশকে নিন্দা করা এবং অন্য দিকে বৃটিশ এবং ফরাসী সাম্রাজ্যবাদকে সদাচরণের শংসাপত্র দেওয়া – এতে কোন লাভ হবার নয়।” যতদিন ক্ষমতায় ছিলেন, জওহরলাল সমস্তটা সময় জুড়েই জার্মানী এবং আমেরিকার মত দেশগুলিকে বিস্তর নিন্দা করেছেন এবং যুদ্ধপরবর্তী রাশিয়া এবং চিনা সাম্রাজ্যবাদকে ভূয়সী প্রশংসা করেছেন। ফরমোসা সরকারের প্রতি তার আচরণও ছিল যথেষ্ট বিদ্বেষময়। বস্তুতঃপক্ষে বিশ্বের কোন প্রধানমন্ত্রীই চিনা কম্যুনিস্ট পার্টির এত প্রশংসা করেননি, যা করেছেন নেহেরু।

চিন সংক্রান্ত নীতির বিষয়ে সুভাষ বাবু ছিলেন জওহরলাল নেহেরুর রূঢ়তম সমালোচনার শিকার। এই কারণেই সময় যত এগিয়েছে, ভারত এবং চিনের মধ্যে আঞ্চলিক সৌহার্দ্য ততই বিঘ্নিত হয়েছে এবং তৎসহ ভারতের প্রতিটি নাগরিকের জীবন এবং স্বাধীনতা বিপন্ন হয়েছে।

(খ)

মাও সেতুং এর সরকার প্রতিষ্ঠিত হবার ঠিক পরেই তিনি ভারত মহাসাগরের উপর সাম্রাজ্য বিস্তারের লক্ষ্যে রাশিয়া এবং চিনের যৌথ আক্রমনের পরিকল্পনা নিয়ে স্ট্যালিনের কাছে গেলেন। সেখানে ভারত, জাপান এবং আমেরিকার বিরুদ্ধে আক্রমণের জন্য রাশিয়া এবং চিনের মধ্যে একটি চুক্তিপত্র স্বাক্ষরিত হল। তাছাড়া উভয়ের মধ্যে একটি অন্তর্বর্তীকালীন ব্যবস্থাও চালু হল, যার ফলে রাশিয়া বেশ কিছু সময়ের জন্য ডাইরেনের উপর নিয়ন্ত্রণের অধিকার পেয়ে গেল। এই ডাইরেনেই নেতাজী চিনা জাতীয়তাবাদী সরকারের সহায়তায় আশ্রয় পেয়েছিলেন। এই সময়েই চিনা জাতীয়তাবাদী সরকারের বহু গোপন ফাইলপত্র এবং দলিল দস্তাবেজ চাইকমদের হাতে এসে যায় এবং তারা ডাইরেনে নেতাজীর গোপন অবস্থানের কথা জেনে যায়। জানা মাত্রই চাইকম এই গোপন তথ্য রাশিয়াকে জানিয়ে দিল। চাইকম এবং রাশিয়া, উভয়ের কাছেই নেতাজী ছিলেন এক চিহ্নিত শত্রু, কারণ তিনি ভারতের স্বাধীনতার স্বার্থে হিটলার

এবং জাপানের সাথে হাত মিলিয়েছিলেন। কিন্তু রাশিয়া এবং চিন প্রত্যক্ষভাবে নেতাজীর কোন ক্ষতি করেনি, নেতাজীকে দাবার গুটি করে তারা ভারত সরকারের উপর চাপ সৃষ্টি করে বেশ কিছু সামরিক সুবিধা আদায় করতে চেয়েছিল।

ফরমোসা থেকে পাওয়া তথ্য থেকে বোঝা যায় যে জওহরলাল নেহেরু নিশ্চিত ভাবেই ডাইরেনে নেতাজীর গোপন অবস্থানের কথা জেনে গিয়েছিলেন। নানকিং এ ভারতীয় মিলিটারী সহায়ক ব্রিগেডিয়ার ঠক্কর এই তথ্য নেহেরুকে জানিয়েছিলেন। কিন্তু তিনি সে কথা বিশ্বাস করেননি এবং নেতাজীকে স্বদেশে ফিরিয়ে আনার কোন ব্যবস্থাও গ্রহণ করেননি। বরং তিনি তার ব্যক্তিগত আবেগ এবং যুক্তিহীন লঘু নৈতিকতা নিয়ে চিনা কম্যুনিস্ট পার্টির পাশে দাঁড়িয়েছিলেন। এ ছাড়া ফরমোসার প্রতি তার অপছন্দ এবং নেতাজীর প্রতি তার বিরূপতা তো ছিলই, যা আরও বেশী প্ররোচিত হয়েছে রাশিয়া এবং চাইকমের সুকৌশলী প্রভাবে।

জওহরলাল নেহেরু নেতাজী রহস্য সমাধানের কোন চেষ্টা করেননি, বরং তিনি মনে করতেন যে দিল্লীতে চিনা কম্যুনিস্ট পার্টির উপদেশে এটা হল আমেরিকা এবং ফরমোসার পক্ষ থেকে উত্তেজনা সৃষ্টির এক সুপরিকল্পিত পদক্ষেপ। তাদের চেষ্টা ছিল, নেতাজী মারা গেছেন এই তত্বটিকে প্রতিষ্ঠা করা। সেই অনুযায়ীই দিল্লীর বিদেশ দপ্তর এবং গোয়েন্দা দপ্তরেরও চেষ্টা ছিল ফাইলপত্রে নানা পরিবর্তন ঘটিয়ে নেতাজী রহস্যকে এক বন্ধ হয়ে যাওয়া মৃত অধ্যায় বলে সূচিত করা। ভারত সরকারের বিভিন্ন দপ্তর এবং জনগণের মধ্যে কর্মরত নেহেরুর বামপন্থী সহযোগী বন্ধুরাও নেতাজী সংক্রান্ত সমস্ত নথিপত্রকে চিরদিনের মত কবর দেবার কাজে নেহেরুকে সহায়তা করে।

প্রসঙ্গত জওহরলাল নেহেরুকে লেখা সুভাষের একটি চিঠির উল্লেখ করা যেতে পারে। সুভাষ বাবু নেহেরুকে লিখছেন, "Of course, if I am such a villain, it is not your right but also your duty to expose me before the public. But perhaps it will strike you that the devil must have some saving face. He must have some service to the cause of the country......inspite of tremendous odds." অর্থাৎ "আমি যদি এতটাই খলনায়ক হয়ে থাকি, তবে আপনার অধিকার নয়, আপনার কর্তব্য হচ্ছে জনগণের সামনে আমার চরিত্রকে উদ্ঘাটন করা। কিন্তু আপনার বোধহয় মনে হচ্ছে যে এই খলনায়কটিরও দেশের কাছে কিছু অবদান আছে, যা অস্বীকার করার নয়।"

নেতাজীর এই কথাগুলিই দেশের মানুষের কাছে নেতাজীর মৃত্যুরহস্য উদ্ঘাটনের জন্য পুনর্তদন্তের দাবীর অনুপ্রেরণা হয়ে থাকবে।

মস্কোর কাছে নেতাজীর ডাইরেনে আশ্রয় গ্রহণের বিষয়ে প্রয়োজনীয় তথ্য জানতে চাইলে জওহরলাল অথবা এই দেশের কোন ক্ষতি হত না। নকল পাসপোর্ট নিয়ে নেতাজী ডাইরেনে অবস্থান করছিলেন, এই অপরাধে ভারতীয় হিসাবে নেতাজীর জাতিত্ব ক্ষুন্ন হবার সম্ভাবনা ছিল না।

ভারতবর্ষে খুব বেশী মানুষের জানা নেই, একজন নির্বাসিত মানুষকে কি অসহনীয় যন্ত্রনার মধ্য দিয়ে জীবন যাপন করতে হয়। ভারতে খুব নগন্য সংখ্যক মানুষই আছে, যাদের সেই দুঃস্বপ্নের অভিজ্ঞতা আছে, যাদের মধ্যে আমিও একজন। আমার কিছু বন্ধুজন আছেন, যারা এই নির্বাসিত জীবনের বিভিষীকা সম্পর্কে সম্পূর্ণ অজ্ঞ। তারা অনেক সময় হাস্য পরিহাসচ্ছলে প্রশ্ন করেছেন, "নেতাজী যদি জীবন্ত অবস্থায় ডাইরেনে থাকতেন তবে তিনি ভারতবর্ষে ফিরে এলেন না কেন? যতই হোক রাশিয়া তো আমাদের ঘনিষ্টতম বন্ধু।" এই প্রশ্নের একমাত্র যুক্তিগ্রাহ্য উত্তর হল "ইতিহাস এবং অভিজ্ঞতা প্রমাণ করে যে খুব সামান্য সংখ্যক মানুষই আছেন, যারা রাশিয়ার বিভিষীকাময় দুর্গের বন্দিশালা থেকে বেরিয়ে আসতে পেরেছেন। তাদের দেশবাসীরা তাদের দুঃখ যন্ত্রণার কথা প্রতিনিয়ত স্মরণে রেখেছে এবং তাদের জন্য লড়াই আন্দোলন করেছে। কিন্তু ভারতবর্ষ নেতাজীর জন্য সে লড়াই কখনই করেনি, এমনকি তার সম্পর্কে কোন অনুসন্ধানও করেনি।"

এই রকম অবস্থায় পৃথিবীর অন্যান্য দেশের মানুষ তাদের দেশের কোন ব্যক্তি বিপদে পড়লে তাদের মধ্যে কি প্রতিক্রিয়া ঘটে সেটা একবার দেখে নেওয়া যেতে পারে। আমাদের দেশে নেতাজী এবং আর দু'একজন মানুষের ক্ষেত্রে এ রকম ঘটনা ঘটেছে। কিন্তু জার্মানিতে প্রায় দশ লক্ষ মানুষ এ রকম অবস্থার শিকার হয়েছে। জার্মানীর মানুষ কিন্তু তাদের চ্যান্সেলর অ্যাডেনারকে বাধ্য করতে পেরেছে যাতে তিনি স্ট্যালিনের উপর চাপ সৃষ্টি করে রাশিয়ার বন্দীশালা থেকে জার্মান বন্দীদের ফেরৎ পাঠান। অ্যাডেনারের এই ভূমিকার ফলে একজন দু'জন নয়, হাজার হাজার জার্মান রাশিয়ার কারাগার থেকে মুক্তি পেয়ে স্বদেশে ফিরতে পেরেছে। দেশের আমজনতা যদি অ্যাডেনারের উপর চাপ সৃষ্টি না করত, তবে ঐ সব জার্মান বন্দীদের আর ঘরে ফেরা হত না। রাশিয়া ঐ সব জার্মান বন্দীদের স্বেচ্ছায় মুক্তি দেয়নি, এর পিছনে ছিল সে দেশের মানুষদের সদিচ্ছার চাপ।

আমাদের ক্ষেত্রে অ্যাডেনারের মত আমাদের প্রধানমন্ত্রীর উপরেও কেন সেই চাপ সৃষ্টি করা হ'লনা? এই প্রসঙ্গে নেতাজীর দিগ্‌দর্শনের কথাকেই সত্য বলে মানতে হয়, “Foreign affairs is a realistic affair to be determined largely from the point of view of a nations self interest.”

১১. নেতাজীর প্রতি বিশ্বাসঘাতকতা

(ক)

আমার বহু বন্ধু আমাকে প্রায়ই প্রশ্ন করেন, "যদি আমরা ধরেও নিই যে নেতাজী বিমান দুর্ঘটনায় আদৌ মারা যাননি, এবং তিনি ডাইরেনেই বেঁচে ছিলেন, কিন্তু তিনি যদি কোনদিন মার্কিন যুক্তরাষ্ট্রে নাই ফেরেন, তবে নেতাজী মৃত্যু রহস্য নিয়ে আপনার এত খোঁচাখুচি করার কারণটা কি?"

এসব প্রশ্নগুলি আসলে উঠে আসে আমাদের ক্রীতদাস সুলভ মনোবৃত্তি থেকে, দীর্ঘদিন বৃটিশ শাসকদের পদতলে থাকার অনিবার্য্য উত্তরাধিকার এবং স্বার্থপর জীবন যাত্রার ফলশ্রুতি। যারা মনে করে যে একমাত্র আত্মস্বার্থ চরিতার্থ করাই বিশ্ব ব্রহ্মান্ডে একমাত্র কাঙ্খিত বস্তু, তাদের মত কৃপার পাত্র আর কোন প্রাণীই নয়। এ ধরণের প্রশ্নের উত্তর দিতে গেলে যা বলতে হয়, তা হল নেতাজীর প্রতি বিশ্বাসঘাতকতার নামান্তর মাত্র।

আমার এক বন্ধু ছিলেন আইনজ্ঞ এবং পার্লামেন্টের একজন বিশিষ্ট সদস্য। তাকে আমি পার্লামেন্টে নেতাজী সম্পর্কিত প্রশ্ন উত্থাপন করার অনুরোধ জানিয়েছিলাম। তা ছাড়া আমি তাকে দাবী উত্থাপন করার অনুরোধ জানিয়েছিলাম যাতে মিঃ শাস্ত্রী তার রাশিয়া ভ্রমণকালে নেতাজী সম্পর্কে কিছু তথ্য অনুসন্ধান করেন। কিন্তু আমি অবাক হলাম আমার দাবী শোনার পর তার প্রতিক্রিয়া দেখে। তিনি বললেন "যেহেতু সুভাষবাবু বহু বছর রাশিয়ায় আসেননি, আইনের চোখে তিনি মৃত বলে বিবেচিত। সে কারণেই নেতাজী সম্পর্কিত কোন আলোচনা পুনরায় শুরু করা সমভব নয়।"

হ্যাঁ, এটাই বোধহয় অনিবার্য্য ছিল। আমাদের পার্লামেন্টারীয় সিদ্ধান্ত গ্রহণের ক্ষেত্রে আমেরিকার অবস্থান, আমাদের স্বার্থপর আত্মকেন্দ্রিকতা আমার সাংসদ এবং আইনজ্ঞ বন্ধুকে আইনের জটিলতার দোহাই দিয়ে এ বিষয়ে

আর এগুতে দেওয়া হয়নি। নেতাজীর ঋণ শোধ করার জন্য আমাদের যে ভূমিকা গ্রহণ করার কথা ছিল, তা আমরা করতে পারিনি। যার জন্য আজ আমরা আমাদের বহু কাঙ্খিত স্বাধীনতা উপভোগ করছি, সেই জাতীয় বীরের প্রতি আমরা উপেক্ষা প্রদর্শন করেছি। আমাদের দেশের মানুষ বুঝতেই পারেনা যে রাশিয়ান কে.জি. বির বন্দীগৃহের অন্তরাল থেকে কোন বন্দীর পক্ষে বহির্বিশ্বের সঙ্গে যোগাযোগ করা কি কঠিন ব্যাপার!

বর্তমান অবস্থার পরিপ্রেক্ষিতে রাশিয়ায় বন্দী নেতাজীকে তার ভাগ্যের হাতে সমর্পণ করে তাকে সরিয়ে রাখা হবে জাতীয় স্তরে এক বিরাট ভুল। এর ফল হবে সুদূর প্রসারী। দেশের উচ্চতম পর্য্যায়ের জাতীয় বীরের প্রতি এহেন উপেক্ষা এবং অবহেলা হ'ল এক অপরাধ, যার জন্য আগামী প্রজন্ম আমাদের কখনই ক্ষমা করবেনা।

(খ)

নেতাজীর প্রতি বর্তমান সরকারের বিশ্বাসঘাতকতা এবং অবহেলার কথা আজ সর্বজনের কাছে সুবিদিত। এই তো মাত্র ক'দিন আগে ১০ই মার্চ তারিখে নেতাজীর মূর্তি স্থাপন নিয়ে পার্লামেন্টে বিরাট হৈচৈ হয়ে গেল। ভারত সরকার সিদ্ধান্ত নিয়েছিল যে দিল্লীতে মহাত্মা গান্ধী এবং নেতাজী সুভাষ চন্দ্রের দু'টি মূর্তি স্থাপন করা হবে। কিন্তু পরবর্তীকালে এক প্রশ্নের উত্তরে এই মূর্তি স্থাপনা বিষয়ক মন্ত্রী স্পষ্টভাবে শুধু গান্ধীজীর নাম উল্লেখ করলেন, নেতাজীর নামটি অনুচ্চারিত রয়ে গেল। আমাদের নেতৃবর্গের এ ধরণের ইচ্ছাকৃত বিচ্যুতি কিন্তু কোন আকস্মিক ঘটনা নয়, এর পশ্চাদপটে লুকিয়ে আছে এক ইতিহাস। এই ঘটনা আমাদেরকে দ্বিতীয় বিশ্বযুদ্ধের সূচনা কালের ত্রিপুরী কংগ্রেসে গান্ধী-সুভাষ মতদ্বৈধের কথা স্মরণ করিয়ে দেয়। তাদের মধ্যে মত পার্থক্যের মৌলিক কারণ – গান্ধীজী ভারতের স্বাধীনতার প্রশ্নে বৃটিশদের সঙ্গে শান্তিপূর্ণ আলোচনা এবং মত বিনিময় চেয়েছিলেন। পক্ষান্তরে নেতাজী চেয়েছিলেন সশস্ত্র যুদ্ধের মাধ্যমে বৃটিশ শক্তিকে এ দেশ থেকে বিতাড়িত করতে। কিন্তু একটা বিষয়ে কোন সন্দেহের অবকাশ নেই

যে উভয়েরই চূড়ান্ত লক্ষ্য ছিল স্বরাজ, স্বাধীনতা। ইতিহাসের অগ্রগতির ধারায় নেতাজীকে দেশ ত্যাগ করতে হয়েছে এবং অন্যান্য নেতারা স্বাধীন ভারতের শাসন ক্ষমতা অধিগ্রহণ করেছেন।

ভাবতে অবাক লাগে যে আজকের ক্ষমতাশালী নেতারা আজও পড়ে আছেন ১৯৩৯ সালের ধ্যান ধারনায়। নেতাজীর সমর্থনে আমরা শুধু এটুকুই বলতে পারি যে তাকে বিচার করতে হবে তার অকপট নিষ্ঠার কথা, স্বরাজ আদায় করার লক্ষ্যে তার উৎসর্গিত জীবনের নিরিখে, যে ক্ষেত্রে তনি ছিলেন অদ্বিতীয়। কিছু পঙ্গু যুক্তির অবতারণা করে তার প্রতি যে বিশ্বাসঘাতকতাপূর্ণ আচরণ করা হয়েছে এবং কূটনৈতিক আইন কানুনের দোহাই দিয়ে নেতাজী সম্পর্কিত তথ্যানুসন্ধান যেভাব বন্ধ করে দেওয়া হয়েছে, তার প্রতি নিন্দার কোন ভাষা নেই।

ত্রিপুরী কংগ্রেসে কিছু কিছু নেতাকে এতটাই নীচে নামতে দেখা গেছে যে তারা নেতাজীর অসুস্থতাকে নকল এবং সাজানো বলে অভিযোগ করেছেন। আমাদের নেতাদের মধ্যে যদি নেতাজীর জন্য কোন সদিচ্ছা না থাকে, তবে তার মূর্তি স্থাপনার ছল কপটতা বর্জন করাই ভাল।

গান্ধীজীর সঙ্গে নেতাজীর মত বিরোধকালে তাকে যা সব থেকে বেশী আঘাত করেছে, তা হল তার বিরুদ্ধে কপট অসুস্থতার অভিযোগ। গোবিন্দ বল্লভ পন্থ যখন এ বিষয়ে আনুষ্ঠানিক প্রস্তাব গ্রহণের উদ্যোগ নিলেন, তখন আনন্দ বাজার পত্রিকার শ্রী সুরেশ চন্দ্র মজুমদার জওহরলালকে অনুরোধ করেছিলেন এই উদ্যোগ বন্ধ করতে, কিন্তু নেহেরু তার কথায় কর্ণপাত করেননি।

এখন জওহরলাল নেহেরুর অনুসারীদের উচিত তাদের বিগতদিনের অপকর্মকে স্বীকার করা এবং সেই পাপস্খলনের জন্য যথা সম্ভব উদ্যোগ গ্রহণ করা।

এই বিষয়ে ভারত সরকার অন্ততঃ যা করতে পারে, তা হল তাইপেইয়ে বিমান দুর্ঘটনায় নেতাজীর মৃত্যু সম্পর্কিত মিথ্যা প্রচারটিকে তুলে নেওয়া।

বিমানে চেপে নেতাজীর ডাইরেনে পৌঁছানোর স্বপক্ষে বিস্তর প্রমাণ আছে। অতএব ডাইরেন রাশিয়ানদের হস্তগত হবার পর নেতাজীর সম্পর্কে যে রহস্যজাল বিস্তৃত হয়েছে, তা উন্মোচনের দায় রাশিয়ানদেরকেই নিতে হবে। এই বিষয়ে ভারত সরকারের যে কোন অনাগ্রহী ভূমিকাই নেতাজীর প্রতি তাদের আক্রমনাত্মক ভূমিকা বলে বিবেচিত হবে এবং তাদের এই ভূমিকা ভবিষ্যৎ ইতিহাসে নেতাজীর প্রতি চূড়ান্ত বিশ্বাসঘাতকতা বলে লিপিবদ্ধ থাকবে।

(গ)

আমরা যাকে 'ত্রিপুরী' মানসিকতা বলে জানি, আসলে তা হচ্ছে এক অত্যন্ত নীচ এবং হীন প্রকৃতির মানসিকতা। যতক্ষণ দিল্লীতে ক্ষমতাসীন কর্তা ব্যক্তিরা এই হীন মানসিকতার কবল থেকে বেরিয়ে না আসবেন, ততক্ষণ পর্য্যন্ত নেতাজীর প্রতি সংঘটিত অন্যায়ের কোন প্রতিকার হবার নয়। আমরা ভুলে গেছি, নেতাজী হলেন আমাদের দেশে বিশুদ্ধ এবং আদর্শ জাতীয়তাবাদের রক্ত মাংসে তৈরী জীবন্ত প্রতীক।

এই বিষয়ের আলোচনায় আর একটু গভীরে ঢুকলে আমরা দেখি যে এই ত্রিপুরী মানসিকতা আগাগোড়াই ভারতে বৃটিশ শাসকদের সমর্থন এবং প্রশ্রয় পেয়ে এসেছে। ত্রিপুরীতে তারা সর্বদাই নেতাজীর চরিত্রকে কুৎসা লিপ্ত করেছে। বৃটিশরা এমন একটা ধারণা পেয়ে গিয়েছিল যে তারা যে কোন সময় নেতাজীর অস্তিত্বকে মিটিয়ে দিলেও ভারতের জনপ্রিয় নেতারা তার বিরুদ্ধে কোন আওয়াজ তুলবেন না।

দ্বিতীয় বিশ্বযুদ্ধের শেষে নেতাজী এবং তার অনুসারীদের সঙ্গে ঠিক সেটাই ঘটেছে। বৃটিশ গোয়েন্দা রিপোর্টের সূত্র অনুযায়ী জানা যায়, ১৯৪৪ সালের

শেষ ভাগে নেতাজী ইউরোপে তার সহকারী নাম্বিয়ারকে নির্দেশ দিয়ছিলেন, তিনি যেন অনুসন্ধান করে দেখেন যে রাশিয়া ভারতের রাজনৈতিক শরণার্থীদের আশ্রয় দিতে প্রস্তুত কিনা। ফলতঃ ১৯৪৫ সালের ফেব্রুয়ারী এবং মার্চ মাসে ইউরোপের 'ফ্রী ইন্ডিয়া সেন্টার' এর ভারতীয়রা রাশিয়ানদের কাছে আত্মসমর্পণের কথা ভেবেছিল। ১২ই এপ্রিল আমেরিকান সেনারা হেলম্স্টেটে (Helmstadt) পৌঁছাবার সপ্তাহখানেক আগে তারা রাশিয়ার উদ্দেশ্যে রওনাও দিয়েছিল। এই সময় নেতাজী তার শেষ বার্তাটি অস্ট্রেলিয়ার ব্যাডগাস্টিনে নাম্বিয়ারের কাছে পাঠিয়েছিলেন। সেই বার্তায় তিনি নির্দেশ দিয়েছিলেন যে ভারতীয় সেনাবাহিনীকে যদি যুদ্ধে পাঠানো না যায়, তবে তারা যেন এমন একটি জায়গায় সরে যায়, যাতে একমাত্র রাশিয়া ছাড়া আর কেউ তাদের দেখা না পায়, বৃটিশরা কোন মতেই নয়। তবে কিছু ভারতীয় রাশিয়ানদের হাতে ধরা পড়েছিল, এবং বৃটিশ গোয়েন্দা বিভাগ তাদের নাম ধামও খুঁজে বার করেছিল।

এখানে একটা গুরুত্বপূর্ণ প্রশ্ন উঠে আসে, রাশিয়ার হাতে ধরা পড়া ভারতীয়দের নিয়ে বৃটিশরা কি করেছিল? বৃটিশ শক্তি দ্বিতীয় বিশ্বযুদ্ধ শেষ হবার পরেও আরও দু'বছর ভারতের উপর তাদের শাসন জারী রেখেছিল। সংগৃহীত তথ্য থেকে যতদূর জানা যায়, বৃটিশরা রাশিয়ার হাতে ধরা পড়া ভারতীয়দের নিয়ে তেমন কোন মাথা ঘামায়নি, কারণ রাশিয়া তখনও ইঙ্গ-মার্কিন মিত্র শক্তির সঙ্গে মৈত্রী বন্ধনে আবদ্ধ ছিল।

যে সব ভারতীয়দের সমস্ত রেকর্ড বার্লিনের ভারতীয় মিলিটারী মিশনে সংরক্ষিত হ'ত, দিল্লীতে ক্ষমতা হস্তান্তরের পর সে সব তুলে দেওয়া হল ভারতের প্রতিনিধিদের হাতে। বার্লিন মিশনে কর্মরত ভারতীয় কর্মচারীরাও রাশিয়ায় আটকে থাকা ভারতীয়দের প্রত্যাবর্তনের জন্য কোন উদ্যোগ গ্রহণ করেনি। বৃটিশ গোয়েন্দা রিপোর্ট থেকেই জানা গেছে, নিঃসন্দেহে বেশ কিছু ভারতীয় আজও রয়ে গেছে রাশিয়ানদের জেলখানায়, জীবিত অথবা মৃত।

যে সব দেশপ্রেমী ভারতীয়দের আত্মত্যাগের কাহিনী ভারতের সাম্প্রতিক ইতিহাসে লিপিবদ্ধ আছে, তাদের প্রতি স্বাধীন ভারতের এই উপেক্ষা এবং অবহেলা এক অপরাধের নামান্তর মাত্র। কেন এই অপরাধ সংঘঠিত হল? সেইসব বন্দী ভারতীয়দের একমাত্র অপরাধ ছিল যে তারা সকলেই মনে প্রাণে ছিল বৃটিশ বিরোধী।

পরবর্তী কালে নেতাজী এবং তার অনুসারীদের কাছ থেকে পাওয়া তথ্য থেকে জানা যায় যে ভারত সরকার তাদের প্রতি যে নির্মম উপেক্ষা এবং অবহেলা প্রদর্শন করেছেন, তার একমাত্র কারণ ছিল, তারা বৃটিশদের বিরুদ্ধে সর্বান্তকরণে সর্বাত্মক যুদ্ধে লিপ্ত ছিলেন। এটাই হ'ল ত্রপুরী মানসিকতার সর্বোত্তম প্রকাশ, যা আজও ভারতীয় বিদেশ নীতিতে প্রবল ভাবে বিদ্যমান।

(ঘ)

বৃটিশ শাসককুল এবং পরবর্তীকালে তাদের উত্তরাধিকারী কংগ্রেস নেতারা যা কোনমতেই ভুলতে পারেননি, তা হ'ল বিদেশ নীতি সম্পর্কে নেতাজীর সুস্পষ্ট ধারণা – বৃটিশদের শত্রু হ'ল ভারতের মিত্র। ২১শে মে, ১৯৪৫ ব্যাংককে দেওয়া ভাষণে নেতাজী ঘোষণা করেছিলেন, "The time is not far off when our enemies will realise that though they have succeeded in overthrowing Germany they have indirectly helped to bring into the arena of European politics another power - Soviet Russia that may prove to be a greater menace to British and American Imperialism than Germany was." অর্থাৎ "সেই সময় খুব দূরে নয় যখন আমাদের শত্রুরা বুঝতে পারবে যে তারা জার্মানিকে ক্ষমতা থেকে উৎপাটিত করতে পারলেও পরোক্ষ ভাবে তারা ইউরোপীয় রাজনীতিতে আর এক শক্তিকে আমন্ত্রণ করে এনেছে – সোভিয়েত রাশিয়া, যা ভবিষ্যতে প্রমাণ করবে জার্মানির তুলনায় বৃটিশ এবং মার্কিন সাম্রাজ্যবাদের কাছে রুশ শক্তি অনেক বেশী বিপজ্জনক।"

নেতাজী পাশ্চাত্য শক্তির বিরুদ্ধে রাশিয়ার উত্থানকে সঠিকভাবে উপলব্ধি করতে পেরেছিলেন, এবং এও উপলব্ধি করতে পেরেছিলেন যে পূর্ব এশিয়াতে রুস শক্তির প্রভাব ক্রমশঃ বাড়ছে। এই সব অবস্থা বিবেচনা করেই ১৯৪৫ সালের জুন মাসে নেতাজী স্থির করেছিলেন যে তিনি মাঞ্চুরিয়ার ডাইরেনে এক 'Safe Deposit Government' অথবা নিরাপদ সরকার গঠন করবেন। ভারতবর্ষের উপর বৃটিশ শক্তির ক্রীতদাসত্ব কায়েম রাখার বিরুদ্ধে নেতাজীর বৃটিশ বিরোধী মারাত্মক পরিকল্পনার কথা বৃটিশ শাসকরা কোনমতেই ভুলতে পারেননি। এই বিশ্লেষনের উপর নির্ভর করেই আশা করা গিয়ছিল যে বৃটিশরা কোনমতেই ডাইরেনে নেতাজীর 'Safe Deposit Government' সম্পর্কে রাশিয়ানদের কাছে কোন প্রশ্ন করবেনা। তারা বরং চাইবে যে রাশিয়ানদের হাতেই নেতাজীর অস্তিত্ব বিলুপ্ত হোক।

নেতাজী সম্পর্কে বৃটিশদের বিদেশনীতি ভারতের কংগ্রেস নেতাদের দ্বারা হুবহু অনুসৃত হবে, এমনটি হবার কথা ছিলনা, হওয়া উচিতও ছিলনা। ভারতের স্বাধীন সরকার বর্তমান আন্তর্জাতিক উন্নয়নকে আন্তরিকভাবে অনুসরণ করবে, এটাই তো কাঙ্খিত। নেতাজীর বিষয়ে আর কোন বিশ্বাসঘাতকতা প্রশ্রয় পাবেনা, এটাই ভারত সরকারের কাছে কাম্য।

১২. সুভাষ চন্দ্র - ভারতের পরিত্রাতা

(ক)

নেতাজীর প্রতি বৃটিশদের ক্রোধের বিষয়টি সহজেই অনুমেয়। তার নেতৃত্বে ভারতের জাতীয় সেনাবাহিনী ছিল ভারতে বৃটিশ আধিপত্যের বিরুদ্ধে সর্ববৃহৎ সামরিক আঘাত। পলাশীর যুদ্ধের পর থেকে বৃটিশ শক্তি নিজেদের পদতলে ভারতের সিপাহিদের আশা আকাঙ্খাকে চুরমার করে ভারতকে শাসন করেছে। নেতাজীর নেতৃত্বে ইম্ফলের যুদ্ধ পরিস্কার করে বুঝিয়ে দিয়েছে যে ভারতবর্ষকে ক্রীতদাসত্বের শৃংখলে বেঁধে রাখার পক্ষে বৃটিশদের হাতে ভারতীয় সেনাবাহিনী আর কোন নিশ্চিত অস্ত্র নয়। এই একটি ঘটনাই ভারতে বৃটিশ শাসনের পরিসমাপ্তি ঘঠানোর পক্ষে ছিল সর্ববৃহৎ উপাদান। শুধু এই কারণেই নেতাজী ভারতের ইতিহাসে ভারত এবং ভারতের মানুষের পরিত্রাতা হিসাবে চিহ্নিত হয়ে থাকবেন।

(খ)

২১শে আগস্ট, ১৯৪৩ নেতাজী অজস্র ঐতিহাসিক উত্থান পতনের আবহ মন্ডলে 'আজাদ হিন্দ' এর অস্থায়ী সরকারের প্রতিষ্ঠা ঘোষণা করলেন এবং শপথ গ্রহণ করলেন।

"In the name of God, I take this sacred oath that to liberate India and the thirty eight crores of my countrymen, I, Subhas Chandra Bose, will continue the sacred war of freedom till the last breath of my life.
I shall remain always a servant of India and to look after the welfare of thirty eight crores of Indian brothers and sisters shall be for me my highest duty.

Even after winning freedom, I will always be prepared to shed even the last drop of my blood for the preservation of India's freedom." অর্থাৎ "আমি সুভাষ চন্দ্র বোস ঈশ্বরের নামে শপথ করছি যে ভারতবর্ষ এবং আমার আটত্রিশ কোটি স্বদেশবাসীকে মুক্তি দেবার জন্য আমি আমার শেষ নিঃশ্বাস পর্য্যন্ত পবিত্র স্বাধীনতা যুদ্ধ চালিয়ে যাবো। আমি সদা সর্বদা ভারতের সেবক থাকব এবং আমার আটত্রিশ কোটি ভারতীয় ভ্রাতা ভগ্নীর হিত সাধনার্থে লিপ্ত থাকাই হবে আমার সর্বশ্রেষ্ঠ কর্তব্য। এমনকি স্বাধীনতা অর্জনের পরেও আমি ভারতের স্বাধীনতাকে সংরক্ষিত রাখার জন্য আমার দেহের শেষ রক্তবিন্দু পর্য্যন্ত আহুতি দিতে প্রস্তুত থাকব।"

হাজার হাজার ভারতীয় সেনা এবং নাগরিক নেতাজীর অনুসরণ করেছে এবং একই শপথ গ্রহণ করেছে-
"I.....a member of the Azad Hind Sangh, do hereby solemnly promise in the name of God and take this holy oath that I will be absolutely loyal and faithful to the provisional Government of Azad Hind, and always be prepared for any sacrifice for the cause of the freedom of our motherland, under the leadership of Subhas Chandra Bose." - এই ছিল আজাদ হিন্দ সংঘের সদস্যদের শপথ বাণী।

আজাদ হিন্দ ফৌজের সদস্যরা ছিল সৎ, স্বদেশভক্ত এবং আমাদের মাতৃভূমির স্বাধীনতা রক্ষার জন্য নিবেদিতচিত্ত বিপ্লবী। নিঃসন্দেহে তারা সাহস এবং দৃঢ়তার সঙ্গে বৃটিশের বিরুদ্ধে যুদ্ধ করেছে।

কিন্তু আজাদ হিন্দ ফৌজের এই সর্বোত্তম আকাঙ্খাকে বৃটিশ শাসকেরা ব্যাখ্যা দিয়েছে বিদ্রোহ এবং রাজশক্তির বিরুদ্ধে অসহযোগ ও যুদ্ধ ঘোষণা বলে। তাদের মতে, নেতাজী এবং তার আই.এন.এ-র বিরুদ্ধে সামরিক আদালতে কোর্টমার্শালের ব্যবস্থা গ্রহণ করা উচিত ছিল। তাদের অপরাধ, রাজশক্তির

বিরুদ্ধে বিদ্রোহ এবং অসহযোগিতা। এই শাস্তিকেই বৃটিশ শাসকেরা যথার্থ বলে ব্যাখ্যা দিয়েছে, কারণ তাদের উদ্দেশ্য ছিল ভারতের বুকে বৃটিশ শাসনকে কায়েম রাখার জন্য ভারতীয় সিপাহীদেরকেই ব্যবহার করা।

৩০শে মে, ১৯৪৫, আই.এন.এ-র বন্দী সেনাদের উপর বৃটিশ শাসকদের অত্যাচারের বর্ণনা দিতে গিয়ে ব্যাংকক থেকে এক বিবৃতিতে নেতাজী বলেছেন, "বিশ্বস্ত সূত্রে জানা গেছে যে বৃটিশ শাসকেরা বার্মাতে আই.এন.এ বন্দী সেনা ও লোকজনের উপর নির্মম এবং বর্বরোচিত অত্যাচার চালাচ্ছে। ইঙ্গ-মার্কিন সেনাদল এই আই.এন.এ সেনাদের বার্মাতে বন্দী করেছে। বৃটিশ কর্তারা হয়ত ভাবছেন যে ভারতীয়রা এই নিষ্ঠুর আচরণের জবাব দিতে পারবেনা। তাই তারা এই যথেচ্ছাচার চালিয়ে যাচ্ছে। কিন্তু আমরা কোন প্রতিঘাতমূলক আচরণ শুরু করার আগে আর একটি ব্যবস্থা গ্রহণ করা যেতে পারে। ভারতের অভ্যন্তরে আমাদের দেশের মানুষেরা যদি বৃটিশদের এই বর্বরোচিত আচরণের বিরুদ্ধে প্রবল প্রচার আন্দোলন শুরু করে, তবে আমি নিশ্চিত যে তা হলে বৃটিশ শাসকদের চৈতন্যোদয় ঘটবে। আমি আমার দেশের মানুষের কাছে আবেদন জানাচ্ছি, তাদেরই দেশরক্ষী সেনারা, দেশের স্বাধীনতার যুদ্ধে আজ যারা যুদ্ধবন্দী, তাদের মুক্তির জন্য বৃটিশ কর্তৃপক্ষের বিরুদ্ধে আপনারা এমন আওয়াজ তুলুন, যাতে তারা আমাদের যুদ্ধবন্দী সেনাদের প্রকৃত অবস্থা জনসমক্ষে জানাতে বাধ্য হয়। এর ফলে সারা বিশ্ব জানতে পারবে বৃটিশ শাসকেরা কিভাবে আন্তর্জাতিক যুদ্ধনীতিকে উপেক্ষা করে আই.এন.এ-র যুদ্ধবন্দীদের উপর অবাধ অত্যাচার চালাচ্ছে।"

স্বাভাবিক ভাবেই ভারতবাসীর কানে তাদের প্রিয় নেতাজীর বার্তা পৌঁছেছে। জাতীয়তাবাদের উন্মাদনায় আই.এন.এ-র সেনারা, যারা ভারতের স্বাধীনতার জন্য প্রাণপন যুদ্ধ করেছেন, তারা যথার্থ ভাবেই বীরের সম্মানে ভূষিত হয়েছেন। এ ভাবেই আই.এন.এ-র বিভিন্ন সময়ে বিভিন্ন পরীক্ষা আমাদের জাতীয় জীবনে এক গর্বের প্রতীক হয়ে উঠেছে এবং আমাদের দেশপ্রেমী সেনাদের জীবন রক্ষিত হয়েছে।

কিন্তু ভারতের সাধারণ মানুষ, এ মুহূর্তেও জানেনা যে নেতাজী এবং তার সেনাবাহিনীর একাংশ রাশিয়ানদের হাতে ধরা পড়েছিলেন। তাদের সম্পর্কে বৃটিশ গোয়েন্দা রিপোর্ট কখনও লোক চক্ষুর সামনে আসেনি। সেই সব বীর সেনাদের বিরত্বের কাহিনী দেশের মানুষের কানে প্রবেশ করেনি। অবশ্য বৃটিশ গোয়েন্দা রিপোর্টে সে সব সেনাদের বীরগাথা যথেষ্ট মলিন এবং বিবর্ণ করে দেখানো হয়েছে। প্রকৃত ইতিহাস মিথ্যার আড়ালে ঢাকা পড়েছে। নেতাজীর ব্যক্তিত্বকে অজস্র কুৎসায় কলঙ্কিত করা হয়েছে সম্পূর্ণ ইচ্ছাকৃত ভাবে। এক বৃটিশ গোয়েন্দা অফিসার একটি বই লিখেছেন – "Subhas Chandra Bose – The Springing Tiger", লেখকের নাম হিউজ টোয়ি। সেই বই আমাদের ভারতীয় প্রকাশকরাও ছাপিয়েছে। তাদের উদ্দেশ্য নেতাজী এবং তার আই.এন.এ-র সদস্যদের চরিত্র ও ভাবমূর্তিকে কুৎসায় রঞ্জিত করা। এই ধরণের কষ্ট কল্পিত উদ্যোগে বৃটিশরাজ নেতাজীকে এক ঠগ দস্যু বলে দেগে দিতে চেয়েছে। অথচ বাস্তবে তিনি ছিলেন ভারতের সেই বীর যিনি সফল ভাবে বৃটিশদের সাম্রাজ্যবাদী চরিত্রটি মানুষের সামনে তুলে ধরতে পেরেছেন এবং ভারতীয় জনগণকে বৃটিশদের ক্রীতদাসত্ব থেকে মুক্তি দিতে চেয়েছেন।

নেতাজীর জীবনের ঐতিহাসিক ঘটনাবলী এবং তার জীবনে রাশিয়ার অভিজ্ঞতা আজও ভারতের মানুষের কাছে অজ্ঞাত, যা মানুষকে জানানো দরকার। ভারতের ছাত্রদের কাছেও নেতাজীর বীরত্ব ও দেশপ্রেমের কাহিনী অবশ্য পাঠ্য হওয়া উচিত। গুরুদেব রবীন্দ্রনাথ একবার নেতাজী সম্পর্কে উক্তি করেছিলেন, সুভাষ হ'ল বাংলার বহু প্রতীক্ষিত পরিত্রাতা। কিন্তু কবিগুরুর এই প্রশস্তিও বোধহয় নেতাজীর পরিচয়ের পক্ষে যথেষ্ট নয়। প্রকৃতপক্ষে শুধু ভারতবর্ষ নয়, সমগ্র এশিয়ার ইতিহাসেও তিনি হলেন প্রকৃত পরিত্রাতা, বৃটিশ সাম্রাজ্যবাদের যাঁতাকল থেকে মুক্তি দেবার প্রকৃত কান্ডারী।

(গ)

জওহরলাল নেহেরুও ভারতের প্রধানমন্ত্রী হবার আগেই বুঝে গিয়েছিলেন আই.এন.এ-র প্রকৃত ঐতিহাসিক গুরুত্বের কথা। আই.এন.এ-র মুদ্রিত কার্য্যবিবরণীর মুখবন্ধে তিনি লালকেল্লার বিচার সম্পর্কে বলেছেন, "A trial of strength between the will of the Indian people and the will of those who hold power in India." অর্থাৎ "এ বিচার হ'ল ভারতের জনগণের মানসিক শক্তি এবং বর্তমান ভারতে যাদের হাতের মুঠোয় ক্ষমতা, তাদের মানসিক শক্তির সংঘাত।"

কিন্তু এর কিছুদিন পরেই ভারতীয় নেতাদার দৃষ্টিভঙ্গীতে কিছু নিশ্চিত পরিবর্তন দেখা গেল। এক রিপোর্টে জানা গেছে যে ১৯৪৬ সালের মার্চ মাসে জওহরলাল নেহেরু যখন মাউন্টব্যাটনের সঙ্গে সিঙ্গাপুর যান, তখন সেখানের ভারতীয় অসামরিক নাগরিকেরা এই দুই সম্মানিত ব্যক্তিকে বেসরকারী অভ্যর্থনা জানালেন। তারা সকলেই ছিলেন আই.এন.এ-র সদস্য। তারা তাদের পুরানো ইউনিফর্ম গায়ে চাপিয়ে নেহেরুর যাত্রাপথের দুধারে সারিবদ্ধভাবে দাঁড়িয়ে ছিলেন। কিন্তু এই দৃশ্য নেহেরুকে বিন্দুমাত্র প্রভাবিত করেনি। বরং তার হোটেলের ধারে ইউনিফর্ম পরিহিত সারিবদ্ধ জনতা যখন তাকে উচ্ছসিত সম্বর্ধনা জানাচ্ছিল, অকস্মাৎ তিনি তাদের প্রবল তিরস্কার করলেন।

নেহেরুর এই মেজাজ পরিবর্তনের জন্য সম্ভবতঃ দায়ী তার উপর বৃটিশ প্রভাব। বৃটিশ সেনা অফিসারেরা তাকে বোঝাবার চেষ্টা করেছিল যে আই.এন.এ-র শাসন ভারতীয় সেনাবাহিনীর নিয়মানুবর্তীতাকে সম্পূর্ণ ধ্বংস করে দিয়েছে। বৃটিশ শাসকেরা ঘোষণা করেছিল যে আই.এন.এ. তার সেনাদের দিগ্‌ভ্রান্ত করে শত্রুবাহিনীর সঙ্গে যোগ দেবার জন্য চাপ সৃষ্টি করেছিল। এই প্রচার সর্বৈব মিথ্যা। স্বয়ং নেতাজী ছিলেন আই.এন.এ-র সর্বাধিনায়ক এবং ভারতীয় জনগণের প্রতিনিধি। তিনি নিজে বলেছেন, "Allied troops who fell into our hands voluntarily came and joined the I.N.A. to fight the freedom of their Motherland" অর্থাৎ "মিত্রপক্ষীয় সেনারা, যারা আমাদের হাতে এসেছে, তারা সকলেই তাদের মাতৃভূমির স্বাধীনতার জন্য স্বেচ্ছায় আই.এন.এ. তে যোগ দিয়েছে।"

(ঘ)

ক্ষমতায় আসার পর জওহরলালের অফিসার এবং উপদেষ্টারা সকলেই ছিলেন বৃটিশ অথবা সেইসব ভারতীয়রা যারা আজীবন বৃটিশদের সেবা করেছে। তাদের প্ররোচনাতেই জওহরলাল প্রথমে আই.এন.এ. সম্পর্কে কোন অনুকূল সিদ্ধান্ত নিতে পারেননি। সময় যত এগিয়েছে, ততই তিনি আই.এন.এ. বিরোধীতার দিকে ঝুঁকেছেন। যখন ইউরোপে ভারতীয় মিশন স্থাপিত হল, নেহেরুর বিদেশ নীতি এমন এক তির্যক বাঁক নিল যে যেসব ভারতীয়রা রাশিয়ার বন্দী ছিল তাদের সম্পর্কিত ভারতীয় মিলিটারী মিশনের সমস্ত ফাইলপত্র সেক্ষের অন্তরালে চলে গেল। কেউ জানার বিন্দুমাত্র চেষ্টাও করলনা সে সব বন্দী ভারতীয়রা বেঁচে আছে না মরে গেছে। আজও সেই অবস্থার কোন পরিবর্তন ঘটেনি।

নিজেদের মাতৃভূমির কাছ থেকে এমন উদাসীন আচরণ নেতাজী এবং তার আই.এন.এ-র সতীর্থদের মোটেই কাঙ্খিত ছিলনা।

মস্কো থেকে পাওয়া সর্বশেষ রিপোর্টে জানা গেছে যে সোভিয়েত নেতারা ভারতের ঘনিষ্ঠ সান্নিধ্যে আসতে আগ্রহী। এর উদ্দেশ্য হ'ল এশিয় রাজনীতিতে তাদের ক্ষমতাকে আরও শক্তিশালী করা। এ বছর ফেব্রুয়ারী মাসে রাশিয়ার রাষ্ট্রপ্রধান মিঃ কোসিগিন চিনা কম্যুনিস্ট পার্টির সঙ্গে তাদের সম্পর্ক স্বাভাবিক করার চেষ্টা করেছিলেন, কিন্তু তার সে চেষ্টা সফল হয়নি। তারপর থেকে এশিয়াতে চাইকমের তুলনায় সোভিয়েত রাশিয়ার প্রভাব উল্লেখযোগ্য ভাবে হ্রাস পেয়েছে। এই ঘটনা মস্কোকে বাধ্য করেছে ১২ই মে থেকে ১৯শে মে পর্য্যন্ত ভারতের প্রধানমন্ত্রীকে রাশিয়ায় আমন্ত্রণ জানাতে।

আমাদের প্রধানমন্ত্রীর রাশিয়া সফর পিকিং এর কাছে যথেষ্ট বিরক্তির কারণ হয়েছে। চিনা কম্যুনিস্ট পার্টি মস্কোর বিরুদ্ধে অভিযোগ তুলেছে যে ক্রুশ্চেভের রাজত্বকালে মস্কো চিন বিরোধী রাজনীতি অনুসরণ করেছে। রাশিয়ার আধুনিক বিমান এবং অস্ত্রশস্ত্র তারা ভারতকে পাঠিয়েছে। চিনা কম্যুনিস্ট পার্টির দৃঢ় বিশ্বাস যে সে সব যুদ্ধবিমান এবং অস্ত্রশস্ত্র হিমালয়ের সীমান্ত অঞ্চলে চিনাদের বিরুদ্ধে ব্যবহৃত হবে।

চিনা কম্যুনিস্ট পার্টির এ সব অভিযোগ মস্কোকে বাধ্য করেছে দিল্লীকে আরও বেশী সামরিক সহায়তা দান করতে। ইন্দো-সোভিয়েত বন্ধুত্ব এই নতুন মোড় নেবার ফলে "Soviet-Indo Friendship Association" এর সহ সভাপতি মিঃ আমিরভ দিল্লীতে পৌঁছে গেলেন এবং অত্যন্ত আড়ম্বরের সাথে নিবিড়তর রুশ-ভারত বন্ধুত্বের বার্তা ঘোষণা করলেন।

এই বর্তমান রাজনৈতিক পরিমন্ডল দ্বিতীয় বিশ্বযুদ্ধের পর রাশিয়ায় বন্দী ভারতীয়দের ভাগ্য এবং তৎসহ নেতাজী সম্পর্কে সমস্ত তথ্য অনুসন্ধানের এক বিরাট সুযোগ এনে দিয়েছে।

তবে মামুলি কূটনৈতিক অনুসন্ধানের মধ্য দিয়ে প্রকৃত সত্যের কাছে পৌঁছানো যাবেনা, যেতে হবে আরো গভীরে। বর্তমান রুস-চিন খোলা রাজনীতিতে যে তিক্ততা সৃষ্টি হয়েছে, তার প্রেক্ষিতে এই অনুসন্ধানের আগে জানতে হবে বর্তমান ইঙ্গ-রুস সামরিক এবং রাজনৈতিক কর্মকান্ডের বৃত্তান্ত। তবেই ডাইরেনে নেতাজীর স্বল্পকালীন উপস্থিতি সম্পর্কে প্রকৃত সত্য জানা যেতে পারে।

ফরমোসায় ব্যক্তিগত অনুসন্ধানের মাধ্যমে আমি যতদুর জানতে পেরেছি, তা হ'ল, নেতাজী ১৯৪৯ সালের শরৎকালে রাশিয়ার হাতে বন্দী হয়েছিলেন। অন্যান্য ক্ষেত্রে আমাদের বৃটিশ বিরোধী যোদ্ধাদের যা হয়ে থাকে, এ ক্ষেত্রেও বৃটিশ গোয়েন্দা রিপোর্ট সমূলে ধ্বংস করে দেওয়া হয়েছে। এমনকি দিল্লীর

গোয়েন্দা রিপোর্টও ধূলো জমা ফাইল বন্দী থাকতে থাকতে এক সময় অতীতের গর্ভে হারিয়ে গেছে।

তবে নেতাজীর ফরমোসায় অবস্থান সম্পর্কে কিছু তথ্য পাওয়া গেছে, কারণ জাতীয়তাবাদী চিন এবং বৃটিশ গোয়েন্দা বিভাগ সে সময় জাপানীদের বিরুদ্ধে কিছু কাজ করেছিল। তবে নেতাজী সম্পর্কিত যে সব তথ্য পাওয়া গেছে, তাতে নিঃসন্দেহে দাবী করা যেতে পারে যে আমাদের জাতীয় নায়ক, যিনি তার মাতৃভূমির দুই শত বছরের পরাধীনতার শৃংখল ছিঁড়ে প্রকৃত অর্থেই তার দেশের মানুষের পরিত্রাতা হয়ে উঠেছিলেন। আমাদের সমকালীন রাজনৈতিক ইতিহাসে একদিন হয়ত তার সেই অত্যুজ্জ্বল ভাবমূর্তি নিজ গৌরবে প্রতিষ্ঠিত হবে।

১৩. বৃটিশদের নেতাজী হত্যার প্রচেষ্টা

(ক)

চরম হিংসাশ্রয়ীতার বছর গুলিতে নেতাজী ছিলেন স্বদেশী জাতীয়তাবাদের মধ্য থেকে উদ্ভূত এক মহান প্রাণ। কৈশোর কালেই তিনি বিপ্লবী দলে যোগ দিয়েছিলেন যারা নানা অস্ত্রশস্ত্র সংগ্রহ এবং উৎপাদন করত। তাদের দৃঢ় বিশ্বাস ছিল যে একমাত্র সামরিক শক্তিই বৃটিশরাজকে ভারত থেকে বিতাড়িত করতে পারে।

কলেজে পড়াকালীন তিনি এক ইংরাজ লেকচারারের জাতি বিদ্বেষের শিকার হ'ন। মাতৃভূমির প্রতি অবমাননার বিরুদ্ধে তিনি এক প্রতিবাদ আন্দোলনে নেতৃত্ব দিয়েছিলেন। এই অপরাধে তাকে কলেজ থেকে বহিস্কার করা হল। এই ঘটনাই তার জীবনের চূড়ান্ত লক্ষ্যটিকে নির্দ্ধারণ করে দেয় – স্বদেশ থেকে বৃটিশ বিতাড়নই হয়ে ওঠে তার জীবনের মূল লক্ষ্য।

১৯১৯ সালে যখন জেনারেল ডায়ার জালিয়ানওয়ালাবাগে ১৬০০ নিরস্ত্র অসহায় ভারতীয়কে হত্যা করে, তখন সুভাষ চন্দ্র হ'লেন প্রথম ভারতীয় যিনি এই হত্যাকান্ডের প্রতিবাদে ইন্ডিয়ান সিভিল সার্ভিস থেকে পদত্যাগ করেন। সে সময় তিনি তার দাদা শরৎ বসুকে লিখলেন "I must either chuck this rotten service and dedicate myself whole heartedly to the country's cause or I must bid adieu to my ideals and aspirations." – "হয় আমাকে সিভিল সার্ভিসের এই ঘৃণ্য কাজকে ছুঁড়ে ফেলে দিয়ে সর্বান্তঃকরনে দেশের কাজে নিজেকে উৎসর্গ করতে হবে, নতুবা আমার সমস্ত আদর্শ এবং আশা আকাঙ্খাকে বিদায় জানাতে হবে।"

এই দৃঢ়তাই সুভাষের চরিত্রকে নির্মাণ করে দিয়েছে। তিনি কোন সময়েই কোনমতেই বৃটিশদের সঙ্গে আপোস করেননি, বৃটিশরাও কোন মতেই সুভাষের অস্তিত্বকে সহ্য করেনি। মৃত্যুর কিছু পূর্বে গান্ধীজীকেও প্রকাশ্য জনসভায় স্বীকার করতে হয়েছিল যে নেতাজী সুভাষ চন্দ্র বসু হলেন এক তির্য্যক ব্যতিক্রমী নেতা যিনি বৃটিশ বিরোধীতায় দৃঢ়সংকল্পবদ্ধ ছিলেন এবং কংগ্রেস আন্দোলন যাকে প্রত্যাখ্যান করেছে। প্রকৃতপক্ষেই, সন্দেহের কোন অবকাশ নেই যে বৃটিশদের বিরোধীতায় সুভাষ চন্দ্র ভারতের অন্য যে কোন নেতার তুলনায় বহু মাইল এগিয়ে আছেন।

(খ)

ধুরন্ধর রাজনীতির কারবারী এবং অভিজ্ঞ সাম্রাজ্যবাদী হবার সুবাদে বৃটিশ শক্তি স্বদেশের মাটিতে নেতাজীকে হত্যা করার সাহস পায়নি, যদিও সে রকম কোন সিদ্ধান্ত নিলে তারা কোন ছল কপটতার আশ্রয় নিয়ে তাদের সর্বাপেক্ষা বিপজ্জনক শত্রুটিকে নিকেশ করতে পারত। নেতাজী ছিলেন এক নির্ভীক দুঃসাহসী বিপ্লবী। তার এই দুঃসাহসের কারণে তিনি বহুবার বৃটিশদের হাতে তাকে গুলি করার সুযোগ তুলে দিয়েছেন। বৃটিশ বাহিনী সেই সুযোগ গ্রহণ করে যদি তাকে হত্যা করত, তবে তারা নেতাজীকে শহীদের মর্য্যাদা দিত, এবং তার ফলে ভারতে বৃটিশ শাসনের আয়ুষ্কাল হয়ত আরও সংক্ষিপ্ত হয়ে আসত। ১৯৪০ সালের ২৬শে নভেম্বর নেতাজী বাংলার গভর্ণরের কাছে একটি চিঠি লেখেন, যা থেকে বোঝা যায় যে তার রাজনৈতিক প্রতিশ্রুতিকে বাদ দিলে তার জীবনই বৃথা।

“It is through suffering and sacrifice alone that a cause can flourish and prosper, and in every age and clime the eternal law prevails – the blood of the martyr is the seed of the church. One individual may die for an idea - but that idea will, after his death, incarnate itself in a thousand lives ... To my countrymen I say - Forget not that the greatest curse for a man is to remain a slave ...... Remember the eternal law - you must give life if you want to get it." - "অজস্র যন্ত্রণাভোগ এবং ত্যাগের মধ্য দিয়েই একটা আদর্শ গড়ে এবং বৃদ্ধি পায়। প্রতি যুগে যুগে সেই অনন্ত সত্যটি বেঁচে থাকে। শহীদের রক্তই হল ন্যায় ও সত্যের প্রতিষ্ঠাতা। কোন এক ব্যক্তি আদর্শের জন্য মৃত্যুবরণ করতে পারে, কিন্তু তার মৃত্যুর পর সেই আদর্শ সঞ্জীবিত হয় হাজার হাজার প্রাণের মধ্যে। আমি আমার দেশবাসীর উদ্দেশ্যে বলি - ভুলে যেওনা, একটি মানুষের জীবনে সব থেকে বড় অভিশাপ হল ক্রীতদাসত্বের শৃংখলে আবদ্ধ থাকা। সেই শ্বাশত নিয়মটি মনে রেখো, তুমি জীবনকে পেতে চাইলে জীবন দিতে হবে।"

বৃটিশ শাসকদের প্রতি এই সতর্কবার্তা পাঠাবার পর সুভাষ চন্দ্র ঘোষণা করলেন যে তিনি জেল থেকে অতি সত্বর ছাড়া না পেলে তিনি আমরণ অনশন শুরু করবেন। বৃটিশ সরকার সুভাষকে জেলে পচিয়ে মারতে পারলেই খুশী হতেন, কিন্তু সেটা করতে তারা সাহস পেলেন না। মাত্র ছ'দিন বাদেই সুভাষ বৃটিশ জেলখানা থেকে মুক্তি পেলেন।

সারা জীবন নেতাজী স্রোতের বিরুদ্ধে সাঁতার কেটেছেন। তার মনের গভীরে দঢ় বিশ্বাস ছিল, "যদি তুমি আমাদের জাতীয় জীবনের মৌলিক সমস্যাগুলির সমাধান করতে চাও, তবে তোমাকে তোমার সমসাময়িক মানুষের কাছ থেকে বহু মাইল এগিয়ে ভাবতে হবে। যারা স্রোতের পক্ষে সাঁতার কেটে মানুষের প্রশস্তি এবং অনুমোদন পেয়ে বাঁচতে চায়, তারা সাময়িক জনপ্রিয়তা পেয়ে জনমানসে নায়কের স্থান পেতে পারে। কিন্তু ইতিহাসের পাতায় তাদের স্থান হবেনা।"

আমাদের দেশজ নেতারা স্রোতের পক্ষে সাঁতার কাটছিলেন, বিশেষ করে বৃটিশরা যখন যুদ্ধে লিপ্ত ছিল। অতএব, স্বাভাবিক ভাবেই তারা বৃটিশদের প্রিয় পাত্র ছিলেন। বৃটিশদের আন্তরিক প্রচেষ্টা ছিল, যাতে নেতাজী সুভাষ চন্দ্র ইতিহাসের পাতায় স্থান না পান।

(গ)

বৃটিশরা অকপট ভাবে বহু পদ্ধতি গ্রহণ করেছিল, যাতে নেতাজী রাজনৈতিক ভাবে এবং কায়িকভাবে মানুষের মধ্যে বেঁচে থাকতে না পারেন। সে সময় তিনি বার্মা এবং সিঙ্গাপুরকে ভিত্তিভূমি করে যুদ্ধ চালাচ্ছিলেন। এ. কে. মজুমদার রচিত 'Advent of Independence' গ্রন্থটির উল্লেখ করে কে. এম. মুন্সী বলেছেন "নেতাজী সে সময় শারীরিক অসুস্থতার কারণে ১৯৩৮ সালে বেশ কয়েক মাসের জন্য নাথালাল জাভেরীর সঙ্গে ছিলেন। সে সময় তিনি আমাকে দুই কিংবা তিন বার ডেকে পাঠিয়েছিলেন। তিনি আসলে নিশ্চিত হতে চেয়েছিলেন যে আমি তার কোন কাজে লাগব কিনা। তিনি প্রকৃতপক্ষে অসুস্থ ছিলেন না। কিছু কথা প্রচলিত আছে যে সে সময় তিনি ছদ্মবেশে বাড়ীর বাইরে যেতেন এবং লোকজনের সঙ্গে সাক্ষাৎও করতেন। ভারত সরকার গান্ধীজী এবং সর্দারজীর সঙ্গে আমার যোগাযোগের কথা জানতেন এবং খেয়াল রাখতেন যাতে আমার মাধ্যমে কোন গোপন তথ্য সংবাদ গান্ধীজীর কাছে পৌঁছায়। একবার আমার একটি সিক্রেট সার্ভিসের গোপন রিপোর্ট দেখার সুযোগ হল। সেই রিপোর্টে বলা ছিল যে নেতাজী কলকাতায় জার্মান দূতাবাসের সঙ্গে যোগাযোগ করেছেন এবং তাদের মধ্যে একটা ব্যবস্থা হয়েছিল যে যুদ্ধ শুরু হলে জার্মান পক্ষ নেতাজীর উপর আস্থা রাখতে পারবেন। আমি এই সংবাদটি গান্ধীজীর কাছে পৌঁছে দিলাম। সংবাদটি জেনে গান্ধীজী যথারীতি যথেষ্ঠ বিস্মিত হলেন।

একই গ্রন্থে শ্রী মজুমদার আরো লিখেছেন, "However some coded message from consul to Germany was intercepted by the British Secret Service in 1938 and sent to Government of India who managed to forward it to Gandhiji through Munshi. Netaji's secret activities to Gandhiji took entirely by surprise and he decided that Netaji should not be re-elected President of the Congress. This led to his opposing re-election and after the latter was re-elected, to withhold cooperation which forced him to resign.” অর্থাৎ “একবার কিছু সাংকেতিক লিপিবদ্ধ সংবাদ জার্মান কনসাল থেকে পাঠানো হল, যা ১৯৩৮ সালে বৃটিশ গোয়েন্দারা পাঠোদ্ধার করল এবং ভারত সরকারের কাছে পাঠিয়ে দিল। তারা আবার সেই বার্তা শ্রী মুন্সীর মাধ্যমে গান্ধীজীর কাছে পৌঁছে দিল। নেতাজীর গোপন কর্মকান্ডের কথা জেনে গান্ধীজী একান্ত বিস্মিত হলেন। তৎক্ষণাৎ তিনি সিদ্ধান্ত নিলেন যে নেতাজীকে কোনমতেই কংগ্রেস প্রেসিডেন্ট পদে পুনর্নির্বাচন করা যাবেনা। সে কারণেই গান্ধীজী নেতাজীর কংগ্রেস সভাপতি পদে পুনর্নির্বাচনে প্রকাশ্য বিরোধীতা করেন। কিন্তু তৎসত্ত্বেও নেতাজী পুনরায় নির্বাচিত হলেন। তখন নেতাজীর প্রতি সর্বপ্রকার সহযোগিতা বন্ধ করে দেওয়া হল। ফলে নেতাজীর পক্ষে পদত্যাগ করা ছাড়া আর কোন পথ খোলা রইল না।”

এই কাহিনীই প্রমাণ করে, কি ভাবে বৃটিশ গোয়েন্দা বাহিনী গান্ধীজীর সাথে প্রতারনা করেছে, দিগ্‌ভ্রান্ত করেছে এবং নেতাজীর চরিত্র এবং রাজনৈতিক ভূমিকা সম্পর্কে গান্ধীজীর মনকে বিষিয়ে দিয়েছে। এই প্রকট সত্যটা এখন যে কোন ব্যক্তির কাছেই পরিস্কার যে এই কৌশলেই বৃটিশ শাসকেরা গান্ধীজীর চোখে সুভাষ বসুর রাজনৈতিক মৃত্যু ঘটিয়েছে। বৃটিশ গোয়েন্দা বাহিনী স্পষ্টতই এইসব মিথ্যা কাহিনীর আড়ালে নেতাজীকে জার্মান গুপ্তচর বলে চিহ্নিত করেছে। গান্ধীজী কিন্তু কখনও নেতাজীর বিরুদ্ধে আনীত এসব অমূলক অভিযোগের বিষয়ে নেতাজীকে কোন প্রশ্ন করেননি। তিনি মন্ত্রমুগ্ধের মত বৃটিশ গোয়েন্দা বাহিনীর রিপোর্টকে বিশ্বাস করেছেন, কিন্তু নেতাজীর নিষ্ঠাশীল চরিত্র তার বিশ্বাস উৎপাদন করতে পারেনি। তথাপি ১৯৩৮ সালেই নেতাজী অপরিসীম ঐতিহাসিক এবং সামাজিক আকর্ষণের কেন্দ্রবিন্দু হয়ে উঠেছিলেন। তার অসাধারণ ব্যক্তিত্ব বৃটিশ গোয়েন্দা বাহিনীর শংসাপত্রের অপেক্ষা রাখেনা।

যদিও নেতাজীর বিরুদ্ধে আনীত সব অভিযোগই ছিল ভিত্তিহীন কুৎসা মাত্র, তথাপি গান্ধীজী এবং তার সহচরবৃন্দ নেতাজীকে হীন প্রমাণ করার উদ্দেশ্যে সে সব কুৎসাকে ব্যবহার করেছেন। এই সব আচরণই সুভাষ চন্দ্রকে

কংগ্রেস, এমনকি দেশ পর্য্যন্ত ছাড়তে বাধ্য করেছে। বৃটিশ সাম্রাজ্যবাদীদের পক্ষে নেতাজীর এই পরাজয়ে আহ্লাদিত বোধ করার যথেষ্ট কারণ ছিল। যদি আমরা দেখি যে ওই একই কৌশলে বৃটিশ গোয়েন্দা রিপোর্ট জওহরলাল নেহেরুর হাতে তুলে দেওয়া হয়েছে, আমরা তাতে অবাক হবনা। জওহরলালের মনে এমনভাবে বিষ ঢুকিয়ে দেওয়া হয়েছিল যে তিনি ফরমোসা দ্বীপপুঞ্জে নেতাজীর তথাকথিত বিমান দুর্ঘটনা সম্পর্কে কোন তদন্ত করার বিন্দুমাত্র আগ্রহ বোধ করেননি।

ফরমোসা দ্বীপে আজও বহু জাতীয়তাবাদী চিনা গোয়েন্দা বাহিনীর লোক আছে, যারা যুদ্ধের সময় বৃটিশ গোয়েন্দা বাহিনীর হয়ে কাজ করেছে। তাদের উপর বৃটিশ গোয়েন্দা বাহিনীর সুস্পষ্ট নির্দেশ ছিল, যে কোন মূল্যেই হোক নেতাজীর হত্যার ব্যবস্থা নিশ্চিত করতে হবে। ২৩শে অক্টোবর তাইপেইয়ে যে বিমানটিতে নেতাজীর আরোহন করার কথা ছিল, তাকে ধ্বংস করার জন্য বৃটিশ সরকার বেলাগাম অর্থব্যয় করেছিল। কিন্তু সে ক্ষেত্রেও ভাগ্য নেতাজীকে সহায়তা দিয়েছিল।

(ঘ)

নেতাজী নিশ্চিত ভাবেই জানতেন কোন উদ্দেশ্যে তিনি এই যুদ্ধে অবতীর্ণ হয়েছেন এবং এতে তার জীবনের ঝুঁকিই বা কতটা। তিনি তার লক্ষ্যপূরণের হাতিয়ার হিসাবে বোমা, রিভলবার বা এ ধরণের কোন গোপন অস্ত্রকে বেছে নেননি। এ বিষয়েও বৃটিশ গোয়েন্দা বিভাগ গোপনে গান্ধীজীকে শ্রী মুন্সীর মাধ্যমে অবহিত করেছিল। দক্ষিণ পূর্ব এশিয়াতে এক বক্তৃতায় তিনি দেশের বিপ্লবী যুব সম্প্রদায়ের উদ্দেশ্যে বলেছেন, "We were thinking what to do, what new method should be adopted. Young men were doing their bit with bombs and revolvers. We got into touch with these young revolutionaries of high spirit. But their strength and sacrifice were not enough to achieve complete independence for our motherland." - "আমরা

ভাবছিলাম কি করা যায়, কোন নতুন পথ অবলম্বন করা যায়। এই তরুণ বিপ্লবীরা বোমা এবং রিভলভারের সাহায্যেই যতটা সম্ভব লড়াই চালিয়ে যাচ্ছিলেন। কিন্তু আমি তাদের শক্তিকে জানতাম। তারা উচ্চ মানসিকতার প্রকৃত বিপ্লবী ছিলেন। কিন্তু তাদের শক্তি এবং ত্যাগ স্বীকার আমাদের মাতৃভূমির স্বাধীনতা আদায়ের পক্ষে যথেষ্ট ছিলনা।"

১৯২৭ সালে ইনসেইন জেলখানা থেকে তিনি তার দাদাকে লিখলেন, "I am not a shopkeeper and I do not bargain. The slippery path of diplomacy I abhor as unsuited to my constitution." - "আমি কোন মামুলি দোকানদার নই। আমি দরাদরি করিনা। কূটনীতির পিচ্ছিল পথ আমার মানসিকতার সঙ্গে যায়না। আমি তাকে ঘৃণা ভরে পরিহার করি।"

নেতাজীর মহান আদর্শ চোখে আঙ্গুল দিয়ে দেখিয়ে দেয় যে তিনি বৃটিশ গোয়েন্দাদের লুকানো চোরানো গোপন পথের থেকে শতেক যোজন দূরে ছিলেন। অথচ এসব অভিযোগই বৃটিশ গোয়েন্দারা নেতাজীর বিরুদ্ধে এনেছিল। গান্ধীজী সেই সব অভিযোগকে বিশ্বাস করে নেতাজীর উপর অবিচার করেছেন।

(ঙ)

বৃটিশ গোয়েন্দা বাহিনী নেতাজীর বিরুদ্ধে জার্মানের হয়ে গুপ্তচরবৃত্তির মিথ্যা অভিযোগ আনল, তার একমাত্র কারণ, তারা ভারতের জন মানসে নেতাজীর বিশাল প্রভাবকে হেয় করতে চেয়েছিল, বিশেষ করে বৃটেন যখন বিশ্বযুদ্ধে জড়িয়ে পড়ছিল।

১৯৪০ সালের মার্চ মাসে রামগড়ে আপস বিরোধী (Anti-Compromise) কনফারেন্সে নেতাজী ভরতব্যাপী সর্বাত্মক আন্দোলনের ডাক দিলেন। তিনি ঘোষণা করলেন, এ আন্দোলন কোনমতেই থামবেনা অথবা মূল বিষয়কে পাশ কাটিয়ে যাবে না, যতক্ষণ পর্য্যন্ত স্বাধীনতা হাতে না আসছে। ঠিক

এমনটি ঘটেছিল ১৯৩২ সালে। কিন্তু ১৯৪০ সালের মে মাসে ফ্রান্সের পতনের পর জওহরলাল নেহেরু রাজেন্দ্র প্রসাদকে চিঠি লিখলেন, "I think it would be wrong for us at this particular moment when Britain is in peril, to take advantage of her distress and rush at her throat." - "আমার মনে হয় এই মুহূর্তে যখন বৃটেন ঘোরতর বিপদের মধ্যে আছে, তখন সেই বিপদের সুযোগ নিয়ে বৃটেনের গলা টিপে ধরা আমাদের পক্ষে অন্যায় হবে।" নেহেরু তার এই মনোভাব পরবর্তীকালে লক্ষ্ণৌএর এক প্রকাশ্য জনসভাতেও প্রকাশ করেছেন।

প্রকাশ্যে নেহেরুর চিঠির জবাব দিতে গিয়ে ১৯৪০ সালের জুন মাসে ফরওয়ার্ড ব্লকের এক কনফারেন্সে নেতাজী বললেন, "Let us cease talking of saving Britain with the empire's help or with India's help. India must in this grave crisis think of herself first ..... It is for the Indian people to make an immediate demand for the transference of power to them to a provisional National Government." - "এখন ভারতের সহায়তা নিয়ে বৃটিশকে বাঁচাবার চেষ্টা না করে বরং এই সঙ্কটের মধ্যে দাঁড়িয়ে ভারতের নিজের কথা ভাবা উচিত। ভারতের জনগণের এখন উচিত অতি সত্বর এক অস্থায়ী জাতীয় সরকারের মাধ্যমে ক্ষমতা হস্তান্তরের দাবী তোলা।"

নেতাজীর এই বিবৃতির পর বৃটিশ সরকার নেতাজীর বিরুদ্ধে বিদ্রোহের অভিযোগ আনল এবং ২রা জুলাই এই অপরাধে তাকে জেলে পাঠানো হল। জেল থেকেই তিনি লিখলেন "Government are determined to hold me in prison by brute force. I say in reply – release me or I shall refuse to live and it is for me to decide whether I choose to live or to die" – "সরকার আমার উপর বর্বোরোচিত শক্তি প্রয়োগ করে আমাকে বেঁধে রাখতে দৃঢ় প্রতিজ্ঞ। তার উত্তরে আমি বলি, হয় আমাকে মুক্তি দিন, অন্যথায় আমি মৃত্যু বরণ করব। জীবন অথবা মৃত্যু -

এর মধ্যে কোনটাকে আমি বেছে নেব, সে বিষয়ে সিদ্ধান্ত নেবার অধিকার সম্পূর্ণভাবে আমার।”

ভারতে বৃটিশ সরকার দৃঢ় সিদ্ধান্ত নিয়ে ফেলেছিল যে তারা কোনমতেই সুভাষকে বাঁচতে দেবেনা। তবে সেই সঙ্গে তাদের একটা ভীতিও ছিল যে নেতাজী সুভাষ যদি শহীদ হয়ে যান, তবে অতি দ্রুত ভারতে বৃটিশ সাম্রাজ্যের ইতি ঘটবে।

জেলে অনশনরত অবস্থায় নেতাজীকে জোর করে খাদ্য গ্রহণ করানোর চেষ্টা হয়েছিল। কিন্তু সে চেষ্টা বিফল হলে তাকে মুক্তি দেওয়া হল, কিন্তু প্রচুর প্রহরার মধ্যে তাকে তার এলগিন রোডের বাড়ীতে গৃহবন্দী করে রাখা হল। ১৭ই জানুয়ারী তিনি সেই প্রহরার বাধা ভেঙ্গে পালালেন। ২৬শে জানুয়ারী ১৯৪১, বৃটিশ সরকারের বিরুদ্ধে বিদ্রোহের অপরাধে তার বিচার হবার কথা ছিল। সেদিনই আনন্দবাজার পত্রিকা এবং হিন্দুস্থান স্ট্যান্ডার্ড পত্রিকা জানিয়ে দিল যে সুভাষকে পাওয়া যাচ্ছেনা।

বৃটিশ জহ্লাদেরা নেতাজীকে খুঁজে পেতে ব্যর্থ হল। আট সপ্তাহ বাদে ২৮শে মার্চ ১৯৪১, জানা গেল যে তিনি বার্লিনে পৌঁছে গেছেন এবং মিলিটারী শক্তির সাহায্যে বৃটিশ শক্তিকে ভারত থেকে বিতাড়িত করার এক নিবেদিতচিত্ত যোদ্ধা হিসাবে তাকে সম্মানিত করা হচ্ছে।

১৪. বৃটেনের বিরুদ্ধে নেতাজীর যুদ্ধ ঘোষণা

(ক)

১৯৪৭ সালের গোড়ার দিকে আমি যখন বার্লিনে গিয়ে পৌঁছালাম, আমার মনের মধ্যে সুভাষ বাবুর যে ছবিটি আঁকা ছিল, তা হল তার মধ্য-ত্রিশ বছরের ছবি। সে সব দিনে নেতাজীর মন্তব্যও আমাদের মনের মধ্যে গাঁথা ছিল, "The price of liberty is suffering and sacrifice... India can well afford to bring a blood sacrifice for her liberation. 350 million miserable lives are waiting for deliverance." – "স্বাধীনতার মূল্য হল কষ্ট স্বীকার এবং আত্মত্যাগ। ভারতবর্ষ মাতৃ ভূমির মুক্তির জন্য রক্তের অর্ঘ্য দান করতে সম্পূর্ণ প্রস্তুত। ৩৫০ মিলিয়ন দুর্গত প্রাণ সেই পরিত্রাণের জন্য অপেক্ষা করছে।"

এক রাস্তার মোড়ে আমি দেখলাম, একটি ভারতীয় রেস্টুরেন্ট বোমার আঘাতে উড়িয়ে দেওয়া হয়েছে। এখানে দাঁড়িয়েই নেতাজী এক সময় ঘোষণা করেছিলেন, "Britain is our traditional enemy. We will fight her immaterial whether any other power supports us or not." – "বৃটেন আমাদের জাতি শত্রু। আমরা তাদের বিরুদ্ধে যুদ্ধ করব। আমাদেরকে অন্য কোন শক্তি সাহায্য করল কি করলনা, তাতে কিছু আসে যায় না।" সেই একই দিনে তিনি হিটলারকে জিজ্ঞাসা করেছিলেন, "When are you going to strike at Britain, so that we also might simultaneously take up arms against them"- "আপনি কখন বৃটেনের উপর আঘাত হানবেন, যাতে সে সময় আমরাও অস্ত্র তুলে নিতে পারি এবং তাদের উপর আক্রমণ করতে পারি।" তারপর থেকেই জার্মানরা তাদের হৃদয়ে নেতাজীকে এক অতি উচ্চ মার্গীয় রাজনৈতিক ব্যক্তিত্ব হিসাবে গ্রহণ করেছে। গান্ধীজী এবং নেহেরু সহ যে কোন ভারতীয় ব্যক্তির তুলনায় তার আসন অনেক উঁচুতে।

বার্লিনে পৌঁছে সর্বপ্রথম আমি আমার পুরানো জার্মান বন্ধুদের সাথে যোগাযোগ করলাম। ওরা সব আমার ইউনিভারসিটির বন্ধু। সৌভাগ্যবশতঃ তাদের কয়েকজনের সঙ্গে নেতাজীর ঘনিষ্ট যোগাযোগ ছিল, দু-একজন নেতাজীর সেক্রেটারী হিসাবেও কাজ করেছে। রুডি ছিল তাদেরই একজন। আমি তাকে আমার ড্রাইভার হিসাবে নিয়ে নিলাম। ওর সঙ্গেই আমি আমার অনুসন্ধানের কাজে সারা জার্মানি ঘুরে বেড়িয়েছি। প্রকৃতপক্ষে নেতাজী এবং তার সহযোদ্ধাদের জীবনে কি ঘটল, বিশেষ করে জার্মান এবং জাপানীদের আত্মসমর্পণের পর, সেটা খুঁজে বের করাই ছিল আমার কাজ।

(খ)

ইউরোপের বহু শহরে, বিশেষ করে বার্লিন, রোম এবং ভিয়েনাতে আমি নেতাজী সম্পর্কিত বহু তথ্য খুজে পেয়েছি। যাদের সঙ্গে আমি পরিচিত হয়েছি, তাদের কেউ তাইপেই এ বিমান দুর্ঘটনা এবং নেতাজীর মৃত্যুর স্বপক্ষে কোন তথ্য দিতে পারেনি। যে সকল ইউরোপীয়কে যুদ্ধবন্দী হিসাবে রাশিয়ায় নিয়ে যাওয়া হয়েছিল, তাদের বিবৃতি যথেষ্ট বিশ্বাসযোগ্য ছিল। দু-একজন বিরল মানুষ যারা সাইবেরিয়ার যুদ্ধবন্ধী শিবিরে বন্দী ছিল, তাদের বিবৃতি ছিল যথেষ্ট আকর্ষণযোগ্য। একটু একটু করে আমি তাদের বক্তব্য সংগ্রহ করেছি এবং আমার বার্লীনের বাড়ীতে বসে একটি মানচিত্র তৈরী করেছি। এভাবেই মোটামুটি যথার্থতার সঙ্গে আমি রাশিয়াতে বন্দী ভারতীয়দের একটা জীবন চিত্র আঁকার চেষ্টা করেছি।

ক্রমে ক্রমে নেতাজীর ইউরোপ এবং দূর প্রাচ্য পরিক্রমার একটা বিশ্বাসযোগ্য চিত্র তৈরী হল। ইন্দো-বৃটিশ গোয়েন্দাবাহিনী নেতাজী সম্পর্কে যে কাহিনী প্রকাশে ভারতবর্ষে প্রচার করেছিল, আমার সংগৃহীত তথ্য থেকে তা ছিল সম্পূর্ণ পৃথক। বৃটিশদের রিপোর্ট অত্যন্ত দৃঢ় ভাবে ইঙ্গিত দিয়েছে যে নেতাজী হিটলারের স্বার্থরক্ষার প্রয়োজনে তার ভারতীয় সেনাদলকে ব্যবহার করেছে। জার্মান সেনাদলের অধীনে তারা 'পঞ্চম বাহিনীর' কাজ

করেছে। যে তথ্যটি বৃটিশকে অত্যন্ত ক্ষিপ্ত করে তুলেছিল, তা হল, নেতাজী এবং তার সহগামীরা বেতন পেতেন জার্মান কোষাগার থেকে।

রুডি একদিন আমাকে প্রাক্তন চ্যান্সেলারের দপ্তরে নিয়ে গেল, যেটি ছিল মৃত্যু পর্য্যন্ত হিটলারের অফিস। রাশিয়ান গোলন্দাজ বাহানীর বোমায় সেটি প্রায় ধ্বংস হয়ে গিয়েছিল। যখন আমরা 'হিটলারের বাংকার' বলে পরিচিত অংশটি পরিদর্শন করছিলাম, তখন রুডির এক সহকর্মী আমাদের কাছে এলেন। তিনি ছিলেন প্রাক্তন জার্মানির বিদেশ দপ্তরের কর্মী। তিনি আমাকে বিস্তর দলিল দস্তাবেজ এবং যুদ্ধ পরবর্তী ভারতীয়দের রেকর্ডের ফটোস্ট্যাট কপি দিয়েছিলেন। সে সব দলিলপত্র ছিল সেখানের ভারতীয় মিলিটারী মিশনের দখলে। সে সব কাগজপত্র দেখার পরে আমার মনে বিন্দুমাত্র সন্দেহ রইল না যে, বৃটিশ গোয়েন্দা বাহিনী ইচ্ছাকৃত ভাবে নেতাজীর যুদ্ধকালীন রেকর্ডে কারচুপি করেছে। রাশিয়ায় যুদ্ধবন্দী ভারতীয়রা ছিল তাদের সর্ববৃহৎ শত্রু। এই সব তথ্য ঘেঁটে সঠিক পরিণতিতে পৌঁছাবার জন্য আমাকে প্রচুর পরিশ্রম করতে হয়েছে।

(গ)

২৮শে মার্চ, ১৯৪১ নেতাজী বার্লিনে পৌঁছালেন। ভারতের স্বাধীনতার স্বপক্ষে ত্রিপুরী বৈঠকের ঘোষণাপত্রটি সংগ্রহ করাই ছিল তখন তার প্রধান কাজ এবং সে কাজের জন্য তাকে কল্পনাতীত পরিশ্রম করতে হয়েছে। এর প্রধান কারণ ছিল যে বার্লিনের পতনের পর ১৯৪০ সালে হিটলার-স্ট্যালিনের গোপন চুক্তির পর রাশিয়ার উচ্চাশার কেন্দ্রবিন্দুতে ছিল ভারতবর্ষ। ২২শে জুন ১৯৪১ জার্মানির রাশিয়া আক্রমন পর্য্যন্ত নেতাজীকে অপেক্ষা করতে হয়েছে। তারপরেও নেতাজীর প্রস্তাবে সম্মত হ'তে হিটলার দীর্ঘ সময় নিয়েছেন।

১৯৪২ সালের ২৯শে মে হিটলারের সঙ্গে নেতাজীর দেখা হয়, হিটলারের ফিল্ড হেড কোয়ার্টারসে। তিনি নেতাজীকে দেয়ালে ঝোলানো একটি

মানচিত্রের কাছে নিয়ে গেলেন। বহু বিস্তৃত বিবরণ সহকারে তিনি মানচিত্রের দিকে অঙ্গুলি নির্দেশ করে দেখালেন, ভারত এবং জার্মানির মধ্যে দূরত্ব বিশাল। তারপর বললেন, বাস্তব অবস্থাকে স্বীকার করতে হবে। সামান্য কয়েক হাজার সেনা নিয়ে বৃটিশ শক্তি কয়েক মিলিয়ন ভারতের নিরস্ত্র বিপ্লবীকে শাসন করছে। কোনমতেই এই অবস্থার পরিবর্তন ঘটবেনা যতক্ষন পর্য্যন্ত বহিঃশক্তির সক্রিয় সহায়তা না ঘটছে। সেই হস্তক্ষেপের জন্য জার্মান এখনও প্রস্তুত নয়।

হিটলারের এই কথাগুলি ছিল নেতাজীর জীবনে সব থেকে হতাশার মুহূর্ত। এই ঘটনা নেতাজীকে অসহ্য মানসিক যন্ত্রণা দিয়েছে। তার এই মানসিক যন্ত্রণার প্রধান সাক্ষী হ'লেন ১৯৩৪ সাল থেকে নেতাজীর সঙ্গে যুক্ত থাকা তার সেক্রেটারী ফ্রাউ সেঙ্কেল।

এরপর জাপানের আমন্ত্রণে নেতাজী তার সমস্ত কর্মকান্ড দূর প্রাচ্যে সরিয়ে নিয়ে এলেন। ভারতের স্বাধীনতার বিষয় নেতাজী যে ত্রিপাক্ষিক ঘোষণা পত্র তৈরী করেছিলেন, জাপান তারযোগে তাতে সম্মতি জানাল।

নেতাজী ছিলেন এক অদম্য মানসিকতা এবং ইচ্ছাশক্তি সম্পন্ন মানুষ। ১৯৪২ সালে স্বাধীন ভারত বেতার কেন্দ্রে এবং আজাদ হিন্দ রেডিও স্টেশন মারফৎ ১৯৪১ সাল থেকেই বার্তা সম্প্রচার শুরু হয়েছিল। তার আওয়াজ ছিল – 'জয় হিন্দ'।

সিঙ্গাপুরের পতন নেতাজীর কাছে ছিল এক উৎসাহব্যাঞ্জক ঘটনা। এবার তিনি স্থির করলেন যে তিন ব্যাটেলিয়ন নিয়মিত সেনা এবং বেশ কিছু অনিয়মিত সেনা নিয়ে এক সেনাবাহিনী গঠন করবেন। তার জার্মানে আগমনের এক বছর সময়ের মধ্যেই ১৯৪২ সালের মার্চ মাসে তিনি বৃটিশ সরকারের বিরুদ্ধে যুদ্ধ ঘোষণা করলেন।

নেতাজীর এই সাফল্য বৃটিশ শক্তিকে চূড়ান্ত ক্ষিপ্ত করে তুলল। নেতাজী তখন তাদের হত্যা লিপ্সার প্রধানতম লক্ষ্য। নেতাজী নিধন স্পৃহায় তারা এতটাই নীচে নামল যে তারা প্রচার শুরু করল যে হিটলারের খেলাটা সুভাষ খেলছেন এবং তিনি অর্থের বিনিময়ে হিটলারের উঞ্ছবৃত্তি করছেন।

এমতাবস্থায় নেতাজী শোনালেন এক বলিষ্ঠ ঘোষণা, "My whole life is one long, persistent, uncompromising struggle against British imperialism, and is the best guarantee of my concern is with India and India's freedom." – "আমার জীবন হল বৃটিশ সাম্রাজ্যবাদের বিরুদ্ধে এক দীর্ঘ ধারাবাহিক এবং আপসহীন সংগ্রাম। আমার একমাত্র চিন্তা হ'ল ভারতবর্ষ এবং ভারতবর্ষের স্বাধীনতা।"

তার সেনাদের প্রতিও তার স্পষ্ট বক্তব্য, "We shall take freedom by the strength of our arms. Freedom is never given. It is taken." - "আমরা আমাদের বাহুবলের দ্বারা আমাদের স্বাধীনতা ছিনিয়ে নেব। স্বাধীনতা কেউ দেয়না, তাকে ছিনিয়ে নিতে হয়।"

নেতাজী তার সংগঠনকে বিদেশী কূটনৈতিক মিশনের মর্য্যাদা দান করেছিলেন। যে পরিমান অর্থই তার সেনাবাহিনী এবং সংগঠনের জন্য খরচ হয়েছে, নেতাজী তাকে জার্মানির কাছে পাওয়া ঋণ হিসাবে মনে করতেন, এবং ভারতবর্ষ স্বাধীন হলে পর সেই ঋণ পরিশোধ করতে তিনি প্রতিশ্রুতিবদ্ধ ছিলেন।

এই ব্যবস্থাই নেতাজীর নিজের প্রতি এবং তার সংগঠনের প্রতি গভীর আত্মসম্মান বোধের পরিচায়ক। নেতাজীর সাফল্য ছিল বৃটিশদের হিংসার কারণ। জেনারেল দ্য গলের অস্থায়ী ফরাসী সরকার লন্ডনে বসে বৃটিশের কাছ থেকে অর্থ নিয়ে সরকার এবং সেনাবাহিনী পরিচালিত করতেন, তাতে যেমন অসম্মান এবং অমর্য্যাদাকর কিছু ছিলনা, ঠিক তেমন ভাবেই নেতাজী মনে করতেন, জার্মানির কাছে ঋণ হিসাবে অর্থ গ্রহণে অমর্য্যাদার কিছু নেই।

কিন্তু পার্থক্য একটাই যে দ্য গল দেশ ফিরেছিলেন বিজয়ী হয়ে, আর নেতাজীকে লড়াই চালিয়ে যেতে হয়েছে অস্তিত্ব রক্ষার জন্য। এই পার্থক্যের জন্য কোনমতেই নেতাজীকে তুলনামূলকভাবে খাটো করে দেখার কোন সুযোগ নেই।

(ঘ)

নেতাজী তার অনুগামীদের আশ্বাস দিয়েছিলেন, “Your names will be written in golden letters in the history of free India, every martyr in this holy war will have a monument there. I shall lead the army when we march to India together.” – “তোমাদের নাম স্বাধীন ভারতের ইতিহাসে স্বর্ণাক্ষরে লিখিত থাকবে। এই পবিত্র যুদ্ধে শহীদ হওয়া প্রতিটি বীরের জন্য রচিত হবে শহীদ স্তম্ভ। আমরা যখন স্বাধীন ভারতে প্রবেশ করব, তখন সে যাত্রার নেতৃত্ব দেব আমি।”

দক্ষ কৌশলী সেনানায়ক হিসাবে নেতাজী জানতেন যে সিঙ্গাপুর, রেঙ্গুন এবং কলকাতাই হচ্ছে ভারতে বৃটিশদের চাবি কাঠি। সিঙ্গাপুর এবং রেঙ্গুন জাপানীদের দখলে চলে যাবার পর নেতাজী স্থির করলেন যে তিনি এবার স্বাধীন ভারতের সেনাদল নিয়ে কলকাতায় প্রবেশ করবেন। লর্ড ক্লাইভের আমলের পর থেকে বৃটিশ উপনিবেশবাদীদের কাছে এর থেকে বেশী দুঃসংবাদ আর কিছু ছিলনা। বৃটিশ শৌর্য্যের পদতলে ভারতীয় সেনাদের গুটিয়ে থাকার দিন শেষ, নেতাজী এশিয়ার আকাশে স্বাধীনতার সোনালী সূর্য্যের উদয় বার্তা ঘোষণা করলেন।

১৯৪৩ সালের গোড়ার দিকে নেতাজীর মনকে যে ভাবনাটি প্রচন্ড তোলপাড় সৃষ্টি করছিল, তা হল কিভাবে নিজের দেশের দায়িত্ব গ্রহণ করা যায়। ইংরাজদের ভারত ছাড়া এখন শুধু সময়ের অপেক্ষা। অতএব তাদের কাছে স্বাধীনতা ভিক্ষা করা অথবা তাকে অন্য দেশের কাছে দান হিসাবে গ্রহণ করা এক অর্থহীন প্রস্তাবনা। সেই স্বাধীনতা কখনই দীর্ঘস্থায়ী হতে পারেনা।

এশিয়ার রঙ্গমঞ্চে যুদ্ধের যে অসাধারণ সুবিধাজনক অবস্থাটি তৈরী হয়েছে তার পূর্ণ সুযোগ নিয়ে নেতাজী ৮ই ফেব্রুয়ারী ১৯৪৩ এ এক জার্মান সাবমেরিনে কিয়েল ত্যাগ করলেন। আটলান্টিক মহাসাগরের জলকে তোলপাড় করে 'কেপ অফ গুড হোপ' (উত্তমাশা অন্তরীপ) পার হয়ে ৪০০ মাইল দূরে মাদাগাস্কারে এসে পৌঁছালেন। সেখানে ২৮শে এপ্রিল আবার জাপানী সাবমেরিন ১-২৯ এ চেপে ভারত মহাসাগর পেরিয়ে তিনি এসে পৌঁছালেন সুমাত্রার উত্তর প্রান্তে। তারপর ১৮ সপ্তাহব্যাপী ভ্রমণ শেষ করে ১৩ই জুন, ১৯৪৩, তিনি টোকিও এসে পৌঁছালেন। বিন্দুমাত্র সময়ের অপচয় না করে তিনি নেমে পড়লেন তার সামরিক কর্মপ্রবাহে।

সে সময়ে, ১৯৪৩ সালের গ্রীষ্মকালে বাংলা এক বিধ্বংসী দুর্ভিক্ষে ভুগছিল। এই অবস্থাতে তার অত্যন্ত গুরুত্বপূর্ণ কর্মকান্ডে ব্যস্ত থাকার সময়েও তিনি দুর্ভিক্ষে আক্রান্ত বাংলার কথা ভেবেছেন। আগস্ট মাসে তার নেতৃত্বে ভারতীয় সেনা বাহিনীর পক্ষ থেকে তিনি দুর্ভিক্ষগ্রস্থ বাংলার জন্য এক লক্ষ টন চাল পাঠালেন। কিন্তু বৃটিশ সরকার নির্মম ঔদ্ধত্য এবং উপেক্ষায় সে সাহায্য ফেরৎ পাঠালো। এর ফলে লক্ষ লক্ষ মানুষ অনাহারে মারা গেল। বাঙ্গালীরা নেতাজীকে ভালবাসত, এই অপরাধের প্রতিশোধ নেবার জন্য বৃটিশ সরকার এই নির্মম পদক্ষেপ নিল।

এই ঘটনার পর নিছক ভাবপ্রবণতা এবং হতাশায় না ভুগে নেতাজী তার সামরিক পরিকল্পনা এবং পদক্ষেপের উপর তার সমস্ত মনোযোগ ন্যস্ত করলেন। একজন দক্ষ এব দূরদ্রষ্টা সামরিক প্রধান হিসাবে তিনি ঘোষণা করলেন, "Any liberation of India secured through Japanese sacrifices is worse than slavery." – "ভারতের পরাধীনতা যদি জাপানীদের রক্তপাত এবং আত্মত্যাগের বিনিময়ে আসে, তবে সেই মুক্তি হবে দাস্যবৃত্তির থেকেও অধিকতর ঘৃন্য এবং লজ্জাজনক।" তিনি বারবার বোঝাবার চেষ্টা করেছেন যে ভারতের জাতীয় সম্মান রক্ষার্থে সর্বাধিক রক্তদান এবং আত্মত্যাগই হবে ভারতের সর্বাপেক্ষা গৌরবময় অধ্যায়। তিনি ইম্ফল ফ্রন্টে আই.এন.এ. কে সূচিমুখ আন্দোলনের জন্য নিয়োজিত করলেন।

১৫ই সেপ্টেম্বর মালয়ে এক ভাষণে তিনি বললেন, ভারতীয় সীমান্ত অঞ্চলে আই.এন.এ-র অভ্যুত্থান হবে ভারতীয় সেনা এবং ভারতবাসীর জেগে ওঠার জন্য তূর্য্যনাদ।

নেতাজীর কাজের গতি ছিল এতই দ্রুত যে ২১শে অক্টোবর, ১৯৪৩এ তিনি অস্থায়ী ভারত সরকার গঠন করে ফেললেন। রাষ্ট্রপ্রধান, প্রধানমন্ত্রী এবং যুদ্ধও বিদেশমন্ত্রীর পদগুলি তিনি নিজের হাতে রাখলেন। 'জয়হিন্দ' শব্দটি হয়ে উঠল স্বাগত সম্ভাষণের ভাষা এবং কংগ্রেসের ত্রিবর্ণরঞ্জিত পতাকা হয়ে উঠল নেতাজীর সদ্য গঠিত স্বাধীন সরকারের জাতীয় পতাকা। কবিগুরু রবীন্দ্রনাথের 'জনগণমন অধিনায়ক' হয়ে উঠল সেই সরকারের জাতীয় সঙ্গীত।

নেতাজীর এই অস্থায়ী সরকার অচিরই বিভিন্ন রাষ্ট্রশক্তি এবং তাদের সহমর্মীদের স্বীকৃতি পেল। নেতাজীর নেতৃত্বে এই নতুন সরকার দূর প্রাচ্যের সব মানবশক্তি এবং অর্থশক্তিকে একত্রিত করল। সে সময় ভারতীয় ভূখন্ডের একমাত্র অঞ্চল আন্দামান ও নিকোবর দ্বীপপুঞ্জ ছিল জাপানীদের দখলে। নেতাজী জাপানের কাছে এই দুটি দ্বীপের মালিকানা দাবী করলেন এবং জাপান সে দাবী মেনেও নিল। জাপান নেতাজীকে আশ্বস্ত করল যে তারা ভারতে অনুপ্রবেশ করে যে সব অঞ্চলের দখল নেবে, সেগুলিও পরবর্তীকালে নেতাজীর সরকারের হাতে তুলে দেওয়া হবে।

নেতাজীর অস্থায়ী সরকারের অবস্থান স্পষ্ট করার জন্য আন্দামান এবং নিকোবর দ্বীপ পুঞ্জের নতুন নামকরণ হল 'শহীদ' এবং 'স্বরাজ' দ্বীপপুঞ্জ নামে। নেতাজী ১৯৪৩ সালের ২৯শে ডিসেম্বর আন্দামানের রাজধানী পোর্টব্লেয়ারে এসে পৌঁছালেন। সেখানে পৌঁছে ভাবাবেগে আচ্ছন্ন নেতাজী গেলেন সেলুলার জেল পরিদর্শন করতে, যেখানে নেতাজীর বহু প্রিয় বন্ধু বন্দি জীবন কাটিয়েছেন, অত্যাচারিত হয়েছেন এবং প্রাণত্যাগ করেছেন। ইতিহাস তার কর্মের যাথার্থকে স্বীকৃতি দিয়ে তাকে দেশের মানুষের মুক্তিদাতা হিসাবে চিহ্নিত করেছে। তিনি বলেছেন, "India shall be free and before long. And a free India will throw open the prison gates so that her worthy sons may step out of the darkness of the prison cells into the light of freedom, joy and self fulfilment." – "খুব শীঘ্রই ভারতবর্ষ স্বাধীন হবে এবং তার কৃতী সন্তানেরা জেলখানার অন্ধকার থেকে মুক্তির আলোয় বেরিয়ে আসবে আনন্দ এবং আত্মতৃপ্তির মধ্যে।"

এখন নেতাজী এবং তার সশস্ত্র বাহিনীর সামনে ছিল দুটি ঐতিহাসিক দায়িত্ব, - ভারতের মূল ভূখন্ডের মুক্তির জন্য যুদ্ধ করা এবং স্বাধীন ভারতের রক্ষা কর্তার ভূমিকা পালন করা।

নেতাজীর উচ্চারিত প্রতিটি শব্দ তার কর্মেরই প্রতিধ্বনি। বার্লিন থেকে টোকিওতে ফিরে তিনি বলেছিলেন, "For India there is no other path but uncompromising struggle against British Imperialism. Even it was possible for other nations to think of compromising with England, for the Indian people at least out of the question. Compromising with Britain means to compromise with slavery and we are determined not to compromise with slavery any more." – "বৃটিশ সাম্রাজ্যবাদের বিরুদ্ধে আপসহীন সংগ্রাম চালিয়ে যাওয়া ছাড়া ভারতবর্ষের সামনে আর কোন পথ খোলা নেই। অন্য কোন দেশের পক্ষে বৃটিশের সঙ্গে আপস করা সম্ভব হলেও ভারতের পক্ষে সেটা প্রশ্নাতীত ভাবে অসম্ভব। বৃটিশ সাম্রাজ্যবাদের সঙ্গে আপসের অর্থ হল দাসত্বের সঙ্গে আপস করা। আমরা আর দাসত্বের সঙ্গে কোনমতেই আপস করতে প্রস্তুত নই।"

এই দৃষ্টিভঙ্গী থেকে বিষয়টিকে দেখলে বোঝা যায় বৃটেনের বিরুদ্ধে যুদ্ধরত নেতাজীর যুদ্ধের ঐতিহাসিক তাৎপর্য্য বিশযুদ্ধকালীন দূরপ্রাচ্যে সংঘটিত যে কোন সামরিক তৎপরতার তুলনায় অনেক বেশী গুরুত্বপূর্ণ। তার কর্মযজ্ঞ ভারতের ভাগ্যের চাকাকে ঘুরিয়ে দিয়ছিল, ভারতবর্ষ ক্রীতদাসত্বের অন্ধকূপ

থেকে বেরিয়ে স্বাধীনতার সূর্য্যলোকে চোখ রেখেছিল। তিনি সমগ্র এশিয়ার মুখাবয়বের পরিবর্তন ঘটাতে পেরেছিলেন।

১৫. বার্লিন-ডাইরেনের পথে নেতাজী

(ক)

দ্বিতীয় বিশ্বযুদ্ধের শেষ পর্বে ২১শে মে, ১৯৪৫ সালে ব্যাংককে এক বক্তৃতায় নেতাজী বললেন, "The fundamental principle of our foreign policy has been and will be – Britain's enemy is India's friend." অর্থাৎ "আমাদের বিদেশ নীতির মূল কথাটি হল এবং থাকবে যে বৃটেনের শত্রু হল আমাদের বন্ধু।" আসলে এই কথাগুলি হয়েছিল মস্কোকে উদ্দেশ্য করেই। ১৯৪১ সালের জানুয়ারী মাসে যখন নেতাজী ভারতবর্ষ ত্যাগ করেন, তখন তার প্রধান উদ্দেশ্য ছিল যে কোন ভাবেই হোক রাশিয়ায় পৌঁছানো। কাবুল থেকেও তিনি রাশিয়ার রাষ্ট্রদূতের সঙ্গে যোগাযোগের চেষ্টা করেছিলেন। কিন্তু তার সে চষ্টা সফল হয়নি, কারণ রাশিয়ান দূতাবাস সর্বাদা প্রহরা বেষ্টিত এবং গোপনীয়তায় বিশ্বাসী। একবার তিনি সোভিয়ত রাষ্ট্রদূতের গাড়ী থামিয়ে তার সঙ্গে কথা বলার চেষ্টা করেছিলেন, কিন্তু ভাষাগত অসুবিধার কারণে তার সেই চেষ্টা সফল হয়নি। তারপর নানা ভাবে নানা চেষ্টা করেও তিনি রাশিয়ার দৃষ্টি আকর্ষণ করতে পারেননি।

সে তুলনায় ইতালি এবং জার্মানির সঙ্গে যোগাযোগের বিষয়ে ভাগ্য তাকে অনেক বেশী সহায়তা দিয়েছে। তারা তাকে 'অর্লান্ডো ম্যাসোটা' ছদ্মনামে কাবুল যাবার জন্য নকল পাসপোর্ট পাঠালো। সেখানে এক ব্যক্তি তাকে পরবর্তী পথ দেখাবে তেমনই ব্যবস্থা হল। সেই লোক নেতাজীকে নিয়ে বেরিয়ে পড়ল রাশিয়ান সীমান্তের উদ্দেশ্যে। সেখানে রাশিয়ান অঞ্চলের মধ্য দিয়ে চলতে চলতে কোথাও থামার সুযোগ ছিলনা। নেতাজীর পক্ষে রাশিয়ার কাছে রাজনৈতিক আশ্রয়ের জন্য আবেদনের কোন সুযোগও ছিলনা।

জার্মানিতে পৌঁছে নেতাজী বারবার নানা ভাবে নানা হতাশার শিকার হয়েছেন। ভারতের স্বাধীনতার ঘোষণা পত্রকে প্রথমে হিটলার মান্যতা দিতে

চাননি। নাজি বাহিনীর রাশিয়া আক্রমন সেই পরিস্থিতিকে আরও ঘোরালো করে তুলল। কর্নেল ইয়ামামোটে, জাপানের সহকারী সেনা নায়কের সঙ্গে নেতাজীর গভীর বন্ধুত্ব ছিল। কিন্তু তিনিও টার্কি এবং রাশিয়া হয়ে নেতাজীর গোপন ভ্রমণের বিষয়টিকে নিশ্চিত করতে পারেননি। সোভিয়েত দেশে গিয়ে রুশদের সঙ্গে যোগাযোগ করার কোন পথই খোলা ছিলনা।

এই পাহাড় প্রমাণ অসুবিধার মধ্যে দাঁড়িয়ে অগত্যা তিনি ইউরোপীয় ভূখন্ডে ভারতীয়দের নেতৃত্বের দায়িত্ব গ্রহণ করলেন। তার মনের মধ্যে একটা আশা ছিল, কোন না কোন উপায়ে হয়ত এই অচলায়তন দূর হবে। নেতাজী ছিলেন ভগবদ্গীতার পরম ভক্ত, তার পকেটে সব সময় গীতার একটি সংক্ষিপ্ত সংস্করণ থাকত। বার্লিনে বসেই তিনি স্থির করলেন, “I am content to do my duty and leave the rest to destiny.” – “আমি আমার কর্তব্য পালন করেই সন্তুষ্ট থাকতে চাই। বাকী সব আমি সমর্পণ করছি ভাগ্যের হাতে।”

(খ)

যখন ভারতের স্বাধীনতার স্বপক্ষে হিটলারের সঙ্গে বিতর্ক চলছে, তখন তিনি বার্লিনে মিঃ নাম্বিয়ারের ঘনিষ্ঠ সংস্পর্শে এলেন। নাম্বিয়ার ১৯২৪ সাল থেকেই মধ্য ইউরোপে থাকছিলেন। যুদ্ধের সময়েও তিনি বার্লিনেই ছিলেন। নেতাজী যখন বার্লিন ছেড়ে মধ্য প্রাচ্যের উদ্দেশ্যে রওয়ানা হলেন, তার আগে তিনি নাম্বিয়ারকে তার সহকারী নিযুক্ত করলেন। ইউরোপের কাজকর্ম সামলানো এবং তৎসহ ‘স্বাধীন ভারত কেন্দ্রের’ প্রয়োজনীয় দায়িত্ব পালনই ছিল নাম্বিয়ারের কাজ। জার্মানির আত্মসমর্পনের পর নাম্বিয়ার ১৯৪২ সালের ৮ই জুন গ্রেপ্তার হলেন। সে সময় জার্মানিতে ভারতীয় বন্দীদের গ্রেপ্তারীর দায়িত্ব ছিল ‘Indian Security Unit’ নামে একটি সংগঠনের হাতে। পরবর্তীকালে নেহেরু যখন দিল্লীর সরকারে যোগদান করলেন, তখন সেই ইন্ডিয়ান সিকিউরিটি ইউনিটের নাম বদলে হল ‘ইন্ডিয়ান মিলিটারী মিশন’।

ইন্ডিয়ান মিলিটারী মিশনের বেশ কিছু দলিল দস্তাবেজ ১৯৪৭ সালে আমার হাতে এল। সেগুলি থেকে আমি জার্মানীতে ভারতীয় বন্দীদের ভবিষ্যৎ সম্পর্কে বেশ কিছু তথ্য জানতে পারলাম। উদাহরণ হিসাবে নাম্বিয়ারের কথাই উল্লেখ করা যেতে পারে। সেখান থেকেই বোঝা যায়, সে সময় নেতাজী সম্পর্কে প্রকৃত সত্য এবং তথ্য জানা কত কঠিন ছিল।

জওহরলাল নেহেরু নাম্বিয়ারকে যথেষ্ট ঘনিষ্ঠভাবে জানতেন। নেহেরু শুরু থেকেই নাম্বিয়ারকে বার্লিনে ভারতীয় তথ্য কেন্দ্রের প্রধান হিসাবে নেয়োগ করেছিলেন। ১৯২৯ সালে জওহরলাল নেহেরু যখন প্রথমবার কংগ্রেস প্রেসিডেন্ট হলেন, তখন থেকেই এই তথ্য কেন্দ্র বা ইনফরমেশন ব্যুরোর আর্থিক দায়িত্ব বহন করত কংগ্রেস। ইউরোপে প্রচন্ড হিংসাশ্রয়ীতা বন্ধ হওয়ার পর নেহেরু বার্লিনে বৃটিশ গোয়েন্দা দপ্তরের হাত থেকে নাম্বিয়ারকে মুক্ত করার জন্য ব্যক্তিগত উদ্যোগ নিয়েছিলেন। সে সময় একটা জিনিস বিশেষ ভাবে লক্ষনীয় ছিল যে, যে সব ভারতীয়রা জওহরলালের অধীনে সরকারী কাজের সঙ্গে যুক্ত ছিল, তাদের আনুগত্য ভারতের তুলনায় বৃটিশদের প্রতি ছিল অনেক বেশী। সুতরাং এতে অবাক হবার কিছু নেই যে, সেই একই লোকজন যখন নেতাজী সম্পর্কিত কাজকর্মের দায়িত্বে ছিল, তাদের সিদ্ধান্তও ভারতের জাতীয় স্বার্থ রক্ষার তুলনায় বৃটিশ সাম্রাজ্যবাদের স্বার্থ রক্ষাতেই অনেক বেশী মনোযোগী ছিল।

বার্লিনে মিলিটারী মিশনের ফাইল পত্রের বেশ কিছু ফটোস্ট্যাট কপি আমার কাছে ছিল, সেখান থেকে আমি নাম্বিয়ারের লেখা একটি চিঠি খুঁজে পেলাম। চিঠিটি ১৯৪৬ সালের ২রা সেপ্টেম্বর জওহরলালের উদ্দেশ্যে লেখা। সেখানে তিনি লিখেছেন, “Life in the circumstances is rather depressing and I have to start all afresh.” - ভারতীয় মিলিটারী মিশনের সঙ্গে যুক্ত আরেক অফিসার মেজর ওয়ারেনের লেখা আর একটি নোটের কপিও আমার হাতে এসেছিল। তাতে তিনি লিখেছেন, “Nambiar was not at all happy and requested that arrangements be made for his re-internment at Herford Juvenile Jail, where he had spent much time while under interrogation. He stated that he could not possibly attempt to re-build his life, under the conditions imposed upon him." অর্থাৎ, "নাম্বিয়ার এখানে মোটেই খুশী ছিলেন না। তিনি বারবার অনুরোধ করেছেন যে তাকে আবার হারফোর্ড জুভেনাইল জেলে ফেরৎ পাঠানো হোক, যেখানে তিনি জিজ্ঞাসাবাদ এবং তদন্তের সুবাদে বেশ কিছু সময় কাটিয়েছেন। তিনি বলেছেন যে এখন আর তার জীবনকে নতুন করে গড়ে নেওয়া সম্ভব নয়, যে অবস্থার মধ্যে তাকে থাকতে হচ্ছে।"

এই যখন বৃটিশ গোয়েন্দা বিভাগ এবং ভারতীয় মিলিটারী মিশনের আচরণ, তাও আবার এমন একজন লোকের প্রতি যিনি জওহরলাল নেহেরুর একান্ত ঘনিষ্ঠ বন্ধু ছিলেন, তখন জার্মানে ভারতীয় যুদ্ধবন্দীদের প্রতি আচরণ কি রকম হতে পারে, তা সহজেই অনুমেয়। এমনকি ১৯৪৭ সালেও আই.এম.এম. নিয়ন্ত্রণাধীন ভারতীয় বন্দীদের প্রতি 'থার্ড ডিগ্রী' ব্যবহারের প্রকাশ্য অভিযোগ পাওয়া গেছে। ভারতীয় যুদ্ধবন্দীদের উপর বৃটিশ গোয়েন্দা এবং আই.এম.এম এর এই নির্মম আচরণের একমাত্র কারণ, তারা নেতাজী এবং ফ্রী ইন্ডিয়া সেন্টারের সপক্ষে কাজ করত।

আরেকটি ফটোস্ট্যাট কপিও পাওয়া গেছে, যার শিরোনাম হল 'Repatriation' বা পুনর্বাসন। সে দলিলে স্বাক্ষর করেছেন ভারতীয় মিলিটারী মিশনের এক কর্নেল। আমি শুনেছি, সেই কর্নেল নাকি জন্মসূত্রে ছিলেন একজন ভারতীয়। যখন নাম্বিয়ার একবার খাদ্য এবং কয়লার রেশন সংক্রান্ত একটি প্রস্তাব অনুমোদনের জন্য আই. এম.এম. এর কাছে পাঠালেন, কর্নেল তখন উত্তরে লিখলেন, "Any recommendation from the mission could only state official facts of your past connection with the Free India Centre and your employment during the war on a salary from the Germans." অর্থাৎ "মিশনের পক্ষ থেকে একমাত্র বন্দীদের ফ্রী ইন্ডিয়া সেন্টারের সঙ্গে অতীত যোগাযোগ এবং যুদ্ধের সময় তাদের জার্মানির বেতনভূক কর্মচারীর

কাজে যোগদানের বিষয়ে সরকারী রেকর্ডের উল্লেখ করতে হবে।” এ থেকেই বোঝা যায়, যে সব ভারতীয় যারা তাদের স্বদেশভূমির মুক্তির জন্য যুদ্ধ করেছিল, তাদের প্রতি বৃটিশদের কি পরিমাণ ক্রোধ ছিল।

এ রকম অজস্র ঘটনার উল্লেখ করা যেতে পারে যাতে প্রমাণ হয় যে নেহেরুর ব্যক্তিগত হস্তক্ষেপকেও উপেক্ষা করে কিভাবে ভারতীয় বন্দীদের প্রতি অসহনীয় অত্যাচার হয়েছে, নেহেরুর নিজের অফিসারেরাও অনেক সময় তার নির্দেশকে উপেক্ষা করে বৃটিশদের নির্দেশে কাজ করেছেন।

(গ)

স্বাধীনতা প্রাপ্তির পর কয়েক বছরে গঙ্গার বুক দিয়ে অনেক জল বয়ে গেছে। সুভাষ বসুর প্রতি তাদের জিঘাংসু প্রতিশোধের মনোভাবও অনেকটা নরম হয়েছে। কিন্তু ভারতীয় আমলাতন্ত্রের ঝুলিতে সে সব ইতিহাসের কোন প্রামান্য নথি নেই।

(ঘ)

প্রকৃত সত্যটি হল এই যে, আমি বার্লিনে গিয়ে বুঝতে পারলাম যে নেতাজী এবং ইউরোপে তার জাতীয়তাবাদী বন্ধুরা প্রকৃত পক্ষেই নাজি বিরোধী মনোভাব পোষণ করতেন, যা বৃটিশ গোয়েন্দা বাহিনী এবং আজকের দিল্লীর পররাষ্ট্র বিভাগের অফিসারেরা মেনে নিতে পারেনি। ইতিমধ্যে ১৯৩৬ সালে নেতাজী যখন হিটলারকে প্রশ্ন করেছিলেন যে তিনি কখন বৃটেনের উপর আঘাত হানবেন, তিনি জবাব পেলেন যে জার্মানরা এই মুহূর্তে এই বিষয় নিয়ে কিছু ভাবছেনা, তারা বরং বৃটিশদের সঙ্গে আপস করার ব্যাপারে চিন্তা করছে। নেতাজীর সামনে তখন একটিমাত্র উপায় খোলা রইল, বৃটিশ শক্তির একমাত্র শত্রু হিসাবে রাশিয়াকে বেছে নেওয়া এবং ভারতের বন্ধু হিসাবে গ্রহণ করা।

যখন দ্বিতীয় বিশ্বযুদ্ধ শুরু হল, তখন বার্লিনে কোন ভারতীয় বিপ্লবী সংগঠন ছিল না। কিন্তু মস্কোতে সে রকম একটি সংগঠনের অস্তিত্ব ছিল, তবে সেটি রাশিয়ার আধা গোপন সংগঠন 'কমিনটার্ন' বা তৃতীয় আন্তর্জাতিক সংগঠনের সঙ্গে যুক্ত ছিল। নাম্বিয়ারের মত বার্লিন প্রবাসী ভারতীয়রা এই কমিনটার্নের সঙ্গে ঘনিষ্ঠভাবে যুক্ত ছিল। এই কমিনটার্নের কথা নেতাজীর মাথাতেও ছিল। ডাইরেনের উদ্দেশ্যে যাত্রা করার আগে তিনি নাম্বিয়ারকে নির্দ্দেশ দিয়েছিলেন সে যেন খোঁজ নিয়ে দেখে যে রাশিয়ানরা ভারতের রাজনৈতিক শরনার্থীদের আশ্রয় দিতে প্রস্তুত আছে কিনা।

নেতাজী তার নিজের ক্ষেত্রেও দাবী জানিয়েছেন যে তাকে রাশিয়ার সঙ্গে সরাসরি যোগাযোগ করিয়ে দেওয়া হোক। ইম্ফলের পর তিনি যখন গোপনে রেঙ্গুন থেকে শ্যাম দেশের উদ্দেশ্যে রওয়ানা হন, তখন বারবার তিনি বিশ্লেষণ করে দেখেছেন যে নিজের আশ্রয়ের জন্য রাশিয়া তার রাজনৈতিক অভয়ারণ্য হতে পারে কিনা। তিনি রাশিয়া থেকেই ভারতের স্বাধীনতা যুদ্ধ চালাবার কথা ভেবেছিলেন। কিন্তু জাপান তার সেই অনুরোধ রাখেনি।

১৯৪৪ সালের নভেম্বর মাসে যখন টোকিওতে ছিলেন, তিনি তখন এমন কিছু লোকের সংস্পর্শে এসেছিলেন, যাদের সঙ্গে রাশিয়ার কমিনটার্ন শাখার সঙ্গে যোগাযোগ ছিল। জাপানীদের আত্মসমর্পণের আগে পর্য্যন্ত সেখানে কমিনটার্নের বিশেষ প্রভাব ছিল। এই বিষয়টির মধ্যে নেতাজী সুবাতাসের ইঙ্গিত দেখেছিলেন।

স্থানীয় রাশিয়ান প্রতিনিধিদের সঙ্গে নেতাজীর সম্পর্ক ভালই ছিল। কিন্তু তাদের সঙ্গে মস্কোর সদর দপ্তরের সম্পর্কের মধ্যে বিরাট প্রভেদ সৃষ্টি হয়েছিল। স্ট্যালিনের উপর ইঙ্গ-মার্কিন যৌথ চাপের ফলে সরকারীভাবে কমিনটার্নের অবলুপ্তি ঘোষণা করা হল, কিন্তু বাস্তবে একটি 'লিকুইডেশন কমিশন' স্থাপিত হল। আন্তর্জাতিক ভাবে বিখ্যাত কমিনটার্ন নেতৃবৃন্দের সভাপতি মন্ডলী বা প্রেসিডিয়ামের প্রত্যক্ষ উদ্যোগেই সৃষ্টি হল সেই লিকুইডেশন কমিশন। ক্রমাগত স্রোতের পক্ষে এবং বিপক্ষে রাশিয়ান

রাজনীতির ক্রম-আবর্তনে রাশিয়ার রাজনীতিতে তার গোপন বিদেশ বিভাগের কর্মকান্ডের সঙ্গে বহির্বিশ্বের যোগাযোগ প্রায় ছিন্ন হয়ে গেল এবং রাশিয়ান কম্যুনিস্ট পার্টির মধ্যে এক বিশৃংখলা দেখা দিল।

এমতাবস্থায় নেতাজীর পক্ষে রাশিয়া ছেড়ে ডাইরেনে উড়ে যাওয়া ছাড়া আর কোন বিকল্প ছিলনা। তবে তিনি নিজেও জানতেন এই পদক্ষেপে ঝুঁকি ছিল প্রচুর। সেই মাঞ্চুরিয়ান বিমান বন্দর তখন রাশিয়ার দখলে। ফলে সেখানে পৌঁছানো মাত্র রাশিয়ানদের হাতে তার বন্দী হবার প্রভূত সম্ভাবনা ছিল।

শেষ পর্য্যন্ত নেতাজীর বার্লিনপন্থী অনুগামীরা যখন রাশিয়ার হাতে ধরা পড়ল এবং তাদেরকে সাইবেরিয়াতে চালান করে দেওয়া হল, তখন দূর প্রাচ্যে নেতাজীর অনুসারী কিছু মানুষ পূর্ব বার্লিনে রাসিয়ান অংশের উপর আঘাত হানতে শুরু করল।

১৬. ইয়াকুস্ক থেকে নেতাজীর কণ্ঠস্বর

(ক)

২৬শে ফেব্রুয়ারী ১৯৪৫, নেতাজী দাঁড়িয়ে আছেন বার্মায় পোপা পর্বতের পাদদেশে। ক্রমাগত আগুনের ঝিলিক ছড়িয়ে এদিক ওদিক থেকে ছুটে আসছে বন্দুকের গুলি। উত্তর পশ্চিম সীমান্তের আকাশ লাল হয়ে আছে অবিশ্রান্ত বোমার আগুনে। আকাশ জুড়ে পঙ্গপালের মত ছেয়ে আছে শত্রু বিমান। বিমান চালকদের কানে কানে কেউ বুঝি বলে দিয়েছে, "খোঁজ, বোসকে খোঁজ। আই.এন.এ.-র কুখ্যাত প্রধান, জাপানীদের পদলেহী বিশ্বাসঘাতককে খুঁজে বার কর। তাকে হত্যা কর।"

নেতাজী অনায়াস অবহেলায় সেই ভীতির গুরুত্বকে অস্বীকার করে বললেন, "England has not made a bomb that can kill me." – "ইংলন্ড এখনও সেই বোমা তৈরী করতে পারেনি যা আমাকে মারতে পারে।" কিন্তু বাস্তবে তখন তার রণকৌশল ছিল পশ্চাদাপসরণ এবং তার সামরিক শক্তি ছিল অত্যন্ত দুর্বল। এত খারাপ অবস্থা এর আগে কখনও তাকে দেখতে হয়নি।

দশ মাস আগে, ১৯৪৪ সালের এপ্রিল-জুলাই পর্য্যন্ত সময়ে তিনি তার সেনাবাহিনীকে নিয়ে ইম্ফলের বুকে দাঁড়িয়ে ছিলেন। খুব সঙ্গত কারণেই তিনি ভারতের রেডিও নেটওয়ার্ককে 'Anti India Radio' বা ভারত বিরোধী রেডিও বলে আখ্যা দিলেন। তার বিরুদ্ধে বৃটিশদের প্রচারকে তিনি ঘৃণ্য অপপ্রচার বলে প্রত্যাখ্যান করলেন। বৃটিশকে চূড়ান্ত হুঁশিয়ারী দিয়ে তিনি দেশবাসীর উদ্দেশ্যে বললেন "Let the British now accept the 'Quit India' resolution and give effect to it and I guarantee that no single Japanese Soldier will set foot on Indian Soil." অর্থাৎ "বৃটিশ যদি 'ভারত ছাড়ো' আন্দোলনের বক্তব্যকে মেনে নিয়ে

তদনুযায়ী পদক্ষেপ করে, তবে আমি গ্যারান্টি দিচ্ছি যে একজন জাপানী সেনাও ভারতের মাটিতে পা রাখবেনা।" নেতাজীর এই নিষ্ঠাশীল বিশ্বাসের জবাবে বৃটিশ গোয়েন্দা বাহিনী এমন ভাবে তাদের কুৎসিত এবং অসত্য প্রচারের বোমা ফাটিয়েছে যে নেতাজীর বিরুদ্ধে ভারতের জনগণের মধ্যে এক তিক্ত ধারণার সৃষ্টি হয়েছে। আমরা নিশ্চিত ভাবে দাবী করতে পারছিনা যে এই বৃটিশ অপপ্রচারের ফলে নেতাজীর ঐতিহাসিক ব্যক্তিত্ব বিন্দুমাত্র খর্ব হয়নি। এই অপপ্রচারের ফলে নেতাজীর রাশিয়াতে আশ্রয় গ্রহণের প্রশ্নটিও অনিশ্চিত হয়ে পড়েছে।

নেতাজীর নেতৃত্বে ইম্ফলের যুদ্ধ এশিয়ার সামরিক ইতিহাসে বৃটিশ সাম্রাজ্যের ওয়াটারলুর যুদ্ধের সঙ্গে তুলনীয়। এই বিষয়টি আমাদের দেশের ঐতিহাসিকেরা ভেবে দেখেননি। আমাদের এই অজ্ঞতার ফলেই নেতাজী তার প্রাপ্য সম্মান থেকে বঞ্চিত হয়েছেন। শুধু গোলা বারুদ কিংবা কামান বন্দুক নয়, বৃটিশ গোয়েন্দা বাহিনীর বিষাক্ত অপপ্রচারও নেতাজীর ভাবমূর্তির উপর বিশাল আঘাত হেনেছে।

এই সব ব্যক্তিগত অভিজ্ঞতার পুঁজি নিয়ে নেতাজী পোপা পর্বতের পাদদেশে দাঁড়িয়ে রাশিয়ায় তার বিপদসংকুল এবং ঝুঁকিপূর্ণ অভিযানের জন্য প্রস্তুত হলেন।

(খ)

আমিও সে সময় রাশিয়ায় যাওয়ার জন্য প্রাণপন চেষ্টা করছিলাম। ওখানে আমার অত্যন্ত ঘনিষ্ঠ কিছু ভারতীয় বন্ধু ছিল। তাদের সন্ধান পাওয়াই ছিল আমার উদ্দেশ্য। আমি বার্লিনে লাল ফৌজের কিছু অফিসারের সঙ্গে যোগাযোগ করলাম। ওদের সঙ্গে রাশিয়ার তুন্দ্রা অঞ্চলে আমি বেশ কিছুদিন ট্রেনিং নিয়েছিলাম। তারা ব্যক্তিগত উদ্যোগ নিয়ে সোভিয়েত কাউন্সিলের কাছে আমার নাম সুপারিশ করল, যাতে আমি সোভিয়েত রাশিয়ায় প্রবেশের

জন্য প্রয়োজনীয় ভিসা পাই। কিন্তু তখন রাশিয়ার নিয়ন্ত্রণ ছিল স্ট্যালিন এবং বেরিয়ার হাতে। সুতরাং আমার রাশিয়ায় প্রবেশের ভাবনা প্রায় অসম্ভব ছিল। আমার রাশিয়ার মূলভূখন্ডে প্রবেশের চেষ্টা ব্যর্থ হলে আমি রাশিয়ার সদ্য অধিকৃত অঞ্চলগুলিতে বিস্তৃত ভাবে ঘুরে বেড়ালাম। এভাবে ঘুরতে ঘুরতে একবার আমি ওয়ারসতে গেলাম, যেখানে সোভিয়েত মার্শাল রোভোসভস্কি পোল্যান্ডের মিলিটারী শাসক হিসাবে প্রতিষ্ঠিত ছিলেন। তার ব্যক্তিগত কর্মচারীদের মধ্যে একজনের সঙ্গে আমার ব্যক্তিগত পরিচয় ছিল। যুদ্ধ শুরু হবার আগে লেলিনগ্রাদে তার সঙ্গে আমার পরিচয় ঘটেছিল। তিনি ছিলেন একজন সরল হৃদয় রাশিয়ান। রাশিয়ায় রাজনৈতিক আশ্রয় পাওয়া বিদেশী নাগরিকদের প্রতি কম্যুনিস্টদের নির্দয় অত্যাচারকে তিনি মনে প্রাণে ঘৃণা করতেন। তার নাম ছিল পাভলভ।

পাভলভের সহায়তায় আমি আমার পুরানো রাশিয়ান বন্ধুদের সঙ্গে আবার বন্ধুত্ব ঝালিয়ে নেবার সুযোগ পেলাম, যারা অতীতে মস্কোর কমিনটার্নের ভারতীয় অংশের সঙ্গে যুক্ত ছিলেন। তারা আমাকে নেতাজীর ফ্রী ইন্ডিয়া সেন্টারের এবং আই.এন.এ-র সঙ্গে যুক্ত ভারতীয় বন্দীদের সম্পর্কে বিস্তর তথ্য এবং সংবাদ পরিবেশন করলেন। এই সব ভারতীয় বন্দীদের মধ্যে বেশ কয়েকজন রাশিয়ানদের প্রবল চাপের মুখে পড়ে গুপ্তচরবৃত্তি করতে বাধ্য হচ্ছিলেন। পরে মুক্তি পাওয়ার পর তারা ভারতে ফেরার অনুমতি পেয়েছিলেন। তাদের কিছু লোককে পূর্ব জার্মানীর লেইপজিগে সদ্যগঠিত কমিনফর্ম মিলিটারী স্কুল ফর এশিয়াটিক ক্যাডারে (Cominform military school for Asiatic cadre) পাঠিয়ে দেওয়া হল।

ভারতে ফিরে এসে আমি স্বাধীন ভারতের প্রথম পার্লামান্টের সদস্য হিসাবে নির্বাচিত হলাম। সাংসদ নির্বাচিত হবার পরেই আমি রাশিয়া প্রভাবিত কমিনটার্নের ভারতবিদ্বেষী ভূমিকাকে প্রকাশ্যে আনার কাজ শুরু করলাম। সঙ্গে সঙ্গেই দেশ জুড়ে হৈচৈ শুরু হল, ভারতীয় কম্যুনিস্ট পার্টি, যারা রাশিয়ান কমিনফর্মের শাখা সংগঠন, আমার বিরুদ্ধে ‘প্রিভিলেজ’ এর মামলা আনল। কিন্তু শেষ পর্য্যন্ত সে মামলা থেকে আমি অব্যাহতি পেলাম।

রাশিয়া সম্পর্কিত আমার বর্ণণা এবং বিবৃতি রাশিয়ার কিছু পত্র পত্রিকায় ছাপা হল, অবশ্যই তার বেশ কিছু তথ্য বিকৃতি ছিল। যে সব রাশিয়ান ব্যক্তি আমাকে জনতেন, তারা ব্যক্তিগত ভাবে আমার স্ট্যালিন - বেরিয়া বিরোধী কাজের জন্য আমাকে অভিনন্দন জানালেন। তারপর বহুবার আমি পূর্ব ইউরোপে সোভিয়েত অধিকৃত দেশ গুলিতে ভ্রমণ করেছি। প্রত্যেকবারই তারা আমাকে প্রচুর তথ্যের যোগান দিয়েছে যা বহির্বিশ্বের কাছে সম্পূর্ণ অজানা। সে সব তথ্যের মধ্যে অন্যতম হল নেতাজীর শিবিরের ভারতীয় যুদ্ধবন্দীদের কথা, যারা রাশিয়ানদের ভারত বিরোধী প্রশিক্ষণ নিতে অস্বীকার করেছিল এবং ভারতে ফিরে রাশিয়ার গুপ্তচরবৃত্তি করতে অস্বীকার করেছিল।

(গ)

১৯৫৪ সালের শরৎকালে আমি আমার ভূতপূর্ব অধ্যাপক আচার্য্য নরেন্দ্র দেবকে বার্লিনের পূর্ব অংশে বেড়াতে নিয়ে গেলাম। তখন স্ট্যালিন এবং বেরিয়ার যুগ শেষ, আমার রাশিয়ার বন্ধুরা স্বস্তির নিঃশ্বাস ফেলে বেঁচেছেন। উন্টার ডেনলিডেনে সোভিয়েত সাংস্কৃতিক ভবনটি পরিদর্শনের সময় আমার পুরানো বন্ধু বরিসের সঙ্গে দেখা হয়ে গেল। ১৯৩৪ সালে রাশিয়াতে আমার মিলিটারী ট্রেনিং এর দিনগুলিতেই বরিসের সঙ্গে আমার পরিচয়। আমরা উভয়েই তখন ভারতের প্রখ্যাত বিপ্লবী বীরেন চট্টোপাধ্যায় এবং অবনী মুখার্জীর গুণমুগ্ধ ভক্ত ছিলাম। লেনিনগ্রাদে প্রায়ই আমাদের মধ্যে দেখা সাক্ষাৎ হ'ত। বরিস মিউজিয়াম পরিচালনার কাজকর্ম শিখে বার্লিনের সোভিয়েত সাংস্কৃতিক ভবনে এসেছিল। সেখানে তার কাজ ছিল মস্কোর ট্রেটিয়াকভ গ্যালারীটিকে চিত্রশিল্প দিয়ে সুসজ্জিত করা। সে আমাকে এক সন্ধ্যায় গল্পগুজবের জন্য তার ফ্ল্যাটে আমন্ত্রণ করল। সে সময়েই বরিস আমাকে বলেছিল যে তার ফ্ল্যাটে গেলে সেখানে গোগার সঙ্গে আমার দেখা হবে।

“কি বললে তুমি?” বিস্ময়ে হতবাক হয়ে বরিসকে জিজ্ঞাসা করলাম আমি।

“গোগা হ’ল বিপ্লবী অবনী মুখার্জীর ছেলে। তার মা হ’ল রাশিয়ান, নাম ফিটিনগফ। তাদের একটি মেয়েও ছিল, নাম মায়া।”

আমি বরিসকে ফিটিনগফের কথাও জিজ্ঞাসা করলাম।

“এখানে তুমি ফিটিনগফের খবর পাবে, এবং আরও বহু ভারতীয় ব্যক্তির সন্ধান পাবে, রাশিয়ার মাটিতে যাদের সন্ধানের কথা তুমি ভাবতেই পারো না।”

আমি যখন বরিসের ফ্ল্যাটে গিয়ে পৌঁছালাম, তখন সেখানে জনা ছয়েক অতিথি উপস্থিত ছিলেন। খাবার টেবিলে রাশিয়ান ভদ্‌কা সহ প্রচুর খাদ্য ও পানীয়র ব্যবস্থা ছিল। গোগা জন্মসূত্রে ইন্দো-রাশিয়ান, সে ছাড়া বাকী সকলেই ছিল খাঁটি রাশিয়ান। ওরা সকলেই ছিল পরানো কমিনটার্নের উত্তরাধিকারী, বর্তমান কমিনফর্মের কর্মচারী।

গোগা আমাকে অভ্যর্থনা জানাবার জন্য এগিয়ে এল। আমার প্রতি তার প্রথম প্রশ্নটি হল, “How could you forget the assignment of my father given to you?” – “আমার বাবার অসম্পূর্ণ কাজ, যা আপনাকে সম্পূর্ণ করার দায়িত্ব দেওয়া হয়েছিল, আপনি কি করে সে কথা ভুলে গেলেন?”

মুহূর্তের মধ্যে আমার মনের আয়নায় ওর বাবার মুখটা ভেসে উঠল। যুদ্ধ পূর্ববর্তী সময়ে যখন আমি মস্কোতে তার কাছ থেকে বিদায় নিচ্ছিলাম, তখন তিনি অশ্রুভরা চোখে আমার হাত দুটি ধরে বলেছিলেন, “তুমি অনুগ্রহ করে একটা কিছু কর যাতে আমরা আবার স্বদেশের মাটিতে ফিরে যেতে পারি।”

যতদিন ভারতে বৃটিশরাজ বলবৎ আছে ততদিন রাশিয়ায় আশ্রয় নেওয়া ভারতীয়দের স্বদেশে ফেরার কোন প্রশ্নই ছিলনা। কিন্তু স্বাধীনতা পরবর্তী ভারতবর্ষেও চিত্রটা কিন্তু একই রয়ে গেল। কখনও সখনো পার্লামেন্টে যদি কোন প্রশ্ন উঠত, তখন মন্ত্রীরা ভারতীয় বন্দীদের সম্পর্কে কিছু সহানুভূতির বার্তা শুনিয়েই তাদের দায়িত্ব শেষ করতেন। যখন ভারতীয় বিপ্লবীদের

স্বদেশে ফেরানোর বিষয়ে পার্লামেন্টের কোন চাপ সৃষ্টি হয়েছে, তখনই বৃটিশদের কৌশল অবলম্বন করে সেই আলোচ্য বিষয়কে পাঠিয়ে দেওয়া হয়েছে ফাইলের অন্তরালে।

যথেষ্ট লজ্জিত কণ্ঠে আমি গোগার পিতা অবনীবাবুর কথা জানতে চাইলাম। গোগার কাছ থেকে আমি যে উত্তর পেলাম, তাতে আমি রীতিমত চমকে উঠলাম। সে আমাকে জানালো, "আমার বাবা একজন প্রকৃত শিক্ষিত বিদ্বজ্জন ছিলেন। দেশপ্রেমের যুদ্ধ শেষ হবার আগে পর্য্যন্ত তিনি স্ট্যালিনীয় সংশোধনবাদের প্রচুর অত্যাচার সহ্য করেছেন। তারপর পঞ্চাশের দশকের শুরুতে কিছু কমিনটার্ন কর্মী, যারা দীর্ঘদিন সাইবরিয়াতে নির্বাসিত ছিলেন, তারা মস্কোতে ফেরার অনুমতি পেলেন। তাদের কাছেই জানা গেল যে সাইবেরিয়ার ইয়াকুস্ক জেলে তারা একজন অতি উচ্চ স্তরের ভারতীয় নেতার সন্ধান পেয়েছেন, যিনি রাশিয়ার শত্রু জার্মান এবং জাপানের সঙ্গে হাত মিলিয়েছেন। আমার বাবা তৎক্ষনাৎ বুঝে গেলেন যে সেই ভারতীয় ব্যক্তিটি সুভাষ বসু ছাড়া আর কেউ হতে পারে না। তিনি বিন্দু মাত্র সময় নষ্ট না করে সুভাষ বাবুর মুক্তির দাবী জানিয়ে স্ট্যালিনের কাছে পত্র লিখলেন।"
আমাদের কথার মাঝেই বরিস প্রশ্ন করল, "এই চিঠি নিশ্চয়ই স্ট্যালিনকে আরো ক্ষিপ্ত করে তুলেছিল?"
গোগার উত্তর – "ঠিক তাই। বাবা স্ট্যালিনকে বোঝাবার চেষ্টা করেছিলেন যে সুভাষ বাবু একজন সৎ, দেশপ্রেমী মানুষ। তাকে জার্মান অথবা জাপানীদের চর বলে আখ্যা দেবার কোন যুক্তি নেই। তিনি বার্লিন এবং টোকিওতে যে সব কাজ করেছেন, তা ছিল তার দৃঢ় বিশ্বাস থেকে যে তার স্বাধীনতার স্বপ্নকে সাকার করতে হলে ভারতের জাতীয়বাদের পাশে বিদেশী সহায়তা ও সমর্থন চাই, এবং সেক্ষেত্রে তার প্রথম অগ্রাধিকার হল রাশিয়া। বাবা স্ট্যালিনকে অনুরোধ করেছিলেন সুভাষ বাবুর প্রতি সুবিচার করার জন্য। কিন্তু স্ট্যালিন বাবার সেই অনুরোধকে ফ্যাসিবাদের যুক্তি বলে ব্যাখ্যা দিলেন। বাবা যে দিন সেই অনুরোধের চিঠি পোস্ট করেন, ঠিক তার পরদিনই N.K.V.D র লোক তাকে গ্রেপ্তার করল। তারপর থেকে আমরা বাবার আর কোন সন্ধান পাইনি।"

"তুমি কি নিশ্চিত যে তোমার বাবাকে ইয়াকুস্ক জেলে পাঠানো হয়েছিল?" গোগাকে জিজ্ঞাসা করলাম আমি।

গোগার প্রত্যয়ী উত্তর- "হ্যাঁ, আমি নিশ্চিত। মাজুত, আপনাদের সময়ের কমিনটার্নের ভারতীয় বিভাগের প্রধান, তিনিও সে সময় ইয়াকুস্ক জেলখানায় ট্রটস্কি পন্থী হিসাবে বন্দী ছিলেন। স্ট্যালিনের মৃত্যুর পর তাকে পুনর্বাসন দেওয়া হয়। তিনিও বলেছেন যে ইয়াকুস্কের কেন্দ্রীয় কারাগারের সুভাষ বাবু বন্দী ছিলেন ৪৫ নং সেলে এবং আমার বাবা বন্দী ছিলেন ৫৭ নং সেলে।"

"কিন্তু মাজুত জানলেন কি করে যে ৪৫ নং সেলের বন্দীটিই সুভাষ বাবু?" আবার গোগার কাছে আমার প্রশ্ন।

"কেন, আপনিও তো জানেন, মাজুত বহুবার যুদ্ধপূর্ববর্তী ভারতে এসেছেন এবং কলকাতায় এসে তিনি সুভাষ বাবুর সঙ্গে দেখা করেছেন। ডক মজদুরদের ইউনিয়নের বিষয়েও উভয়ের মধ্যে বহুবার আলোচনা হয়েছে।"

"কোন বছরে ইয়াকুস্ক জেলে মাজুতের সঙ্গে সুভাষ বাবুর দেখা হয়?"

"১৯৫০-৫১ সালে।"

"তারপর থেকে তুমি ওদের সম্পর্কে আর কোন সংবাদ পেয়েছ?"

"না, স্ট্যালিনের মৃত্যু এবং বেরিয়ার গুলিবিদ্ধ হবার পর আমরা আশা করতে শুরু করেছিলাম যে বাবা হয়ত এবার ফিরে আসবেন। তিনি যদি ফিরে আসেন, তবে তিনি আমাদেরকে সুভাষ বাবুর সম্পর্কে সর্বশেষ সংবাদ শোনাতে পারবেন।"

(ঘ)

আমাদের এই ছোট্ট পার্টিটি চলল ভোর পর্য্যন্ত। বরিস তারপর আমাকে গাড়ী চালিয়ে নিয়ে এল ফ্রেডরিকস্ট্রেস ভন স্টেশন পর্য্যন্ত। সেখান থেকে আমি ওয়েস্ট বার্লিন হোটেলের ট্রেন ধরলাম। সখানে নরেন্দ্র দেবজী আমার অপেক্ষায় ছিলেন। আমি যখন গোগার সঙ্গে নেতাজী প্রসঙ্গে আমার আলোচনার কথা বিশদভাবে তাকে জানালাম, তিনি সব শুনে রীতিমত উত্তেজিত হয়ে পড়লেন।

আমি ভারতে ফিরে এসে জওহরলাল নেহেরুকে গোগার সঙ্গে আমার সাক্ষাৎকার এবং নেতাজী সংক্রান্ত সব কথা বিশদে জানিয়ে তার কাছে একটি ব্যক্তিগত নোট পাঠালাম।

কিন্তু তার কাছ থেকে কোন উত্তর বা সাড়া না পাওয়ায় আমি ধরে নিলাম যে তিনি নেতাজীর ব্যাপারে কোন পদক্ষেপ নিতে আদৌ আগ্রহী নন। এমনকি এই বিষয়ে নতুন করে উদ্যোগ নেবার আগ্রহও তার নেই। কিন্তু আমি হাল ছাড়িনি। পরের বছর ১৯৫৫ সালে আমি আবার আমার তথ্য অনুসন্ধানের কাজে বার্লিন থেকে মস্কোর উদ্দেশ্যে রওয়ানা দিলাম।

১৭. হিমালয়ের সীমান্তে নেতাজীর জয়-হিন্দ জয়ধ্বনি

(ক)

যতদিন ভারতবর্ষে বৃটিশ শাসন বলবৎ ছিল, ততদিন এদেশের কোন যুদ্ধনাদ (battle cry) ছিলনা। নেতাজী সর্বপ্রথম সেই আওয়াজ তুললেন – "জয় হিন্দ!" তিনি সর্বপ্রথম দেশবাসীর কাছে এক মহান আদর্শের বার্তা পৌঁছে দিলেন, যুদ্ধক্ষেত্রে মাতৃভূমির মুক্তির জন্য সর্বাত্মক আত্মত্যাগের বার্তা। জীবনের এই মহত্তম লক্ষ্য পূরণের জন্য নেতাজীর আহ্বানে ভারতীয় সৈনিকেরা দারুন ভাবে উদ্বুদ্ধ এবং অনুপ্রাণিত হল।

বৃটিশ সাম্রাজ্য এবং সম্রাটের প্রতি ভারতের ক্রীতদাস সুলভ আনুগত্যকে সম্পূর্ণ ভাবে ঘৃণা ভরে ঝেড়ে ফেলে দিয়ে ঘুরে দাঁড়ানো – এটাই ছিল বৃটিশ সাম্রাজ্যের উপর এক মহা শক্তিশালী আঘাত। এ হ'ল ভারতের পক্ষে এক অতিমানবিক প্রাপ্তি, এবং এটাই হ'ল ভারতের স্বাধীনতা যুদ্ধের ইতিহাসে নেতাজীর সর্বশ্রেষ্ঠ অবদান। প্রচন্ড বৃষ্টির মধ্যে সিঙ্গাপুরে ৬০,০০০ ভারতীয় মানুষের সামনে দাঁড়িয়ে ৯ই জুলাই নেতাজী গর্বিত কণ্ঠে ঘোষণা করেছিলেন, "There is no Nationalist leader in India who can claim to possess the many sided experience that I have been able to acquire." – "ভারতবর্ষে দ্বিতীয় কোন জাতীয়তাবাদী নেতা নেই যিনি আমার মত এত বহুমুখী অভিজ্ঞতা অর্জন করতে পেরেছেন।"

নেতাজী একবার তার আই.এন.এ-র উদ্দেশ্যে এক নির্দেশ দিয়েছিলেন, "Follow me ...... I shall lead you to Victory and Freedom." – "তোমরা আমাকে অনুসরণ কর। আমি তোমাদের বিজয় এবং স্বাধীনতা এনে দেব।"

নেতাজী তার অসাধারণ নেতৃত্বের বলে সেনাবাহিনী এবং অসামরিক নাগরিক উভয়কেই সমানভাবে উজ্জীবিত করতে পেরেছিলেন। পূর্ব এশিয়াতে তার শক্তি বলতে ছিল দুই মিলিয়ন ভারতীয়। তাদের কাছে তিনি সামগ্রিক যুদ্ধের ডাক পৌঁছে দিয়েছিলেন। তার লক্ষ্য মাত্রা ছিল তিন লক্ষ সেনা এবং ত্রিশ মিলিয়ন সিঙ্গাপুর ডলার (চার কোটি টাকার কিছু কম)। কিন্তু তথাপি তিনি ঘোষণা করেছিলেন, "We have a grim fight ahead of us - for the enemy is forceful, unscrupulous and ruthless. In this final march to freedom, you have to force hunger, thirst, privation, forced marches and death. Only when you pass this test will freedom be yours." – "আমাদের সামনে এখন কঠিন যুদ্ধ। আমাদের শত্রু অতি শক্তিমান, বিবেকবর্জিত এবং নির্মম। স্বাধীনতার এই চূড়ান্ত যুদ্ধে তোমাদের ক্ষুধা, তৃষ্ণা, আরাম বিলাসকে উপেক্ষা করে আমৃত্যু এগিয়ে যেতে হবে। এই পরীক্ষায় তোমরা যদি উত্তীর্ণ হতে পারো, তবেই স্বাধীনতা তোমাদের হাতের মুঠোয়।"

একজন সামরিক ইতিহাসবিদের সামনে নেতাজীর নেতৃত্বে ইম্ফলের যুদ্ধ এবং ১৯৬২ সালে জওহরলাল নেহেরুর নেতৃত্বে তাওয়াঙ্গের যুদ্ধ এক আকর্ষণীয় তুলনার বিষয় হয়ে উঠতে পারে।

মালয়ের ভারতীয় ব্যবসায়ীদের উদ্দেশ্যে নেতাজী অত্যন্ত স্পষ্ট ভাষায় বলেছিলেন "There is no private property when a country is in a state of war...... if you think that your wealth and your possessions are your own, you are living in delusion ...... your lives and your properties do not now belong to you, they belong to India and India alone. If you do not choose to come forward voluntarily, you are not going to remain slaves on that account. Every one who refuses to help our cause is our enemy." – "দেশ যখন যুদ্ধের মধ্যে, তখন ব্যক্তিগত সম্পত্তি বলে কিছু থাকতে পারেনা। আপনারা যদি মনে করেন যে

আপনাদের অর্জিত ধন সম্পদ সব আপনাদের, তবে আপনারা ভ্রান্তির মধ্যে বাস করছেন। আপনাদের সম্পদ আপনাদের নয়, সে সব শুধু ভারতের। এই প্রস্তাব আপনারা যদি স্বেচ্ছায় মেনে না নেন, তবে সে বিষয়ে আপনাদের স্বাধীনতা আছে। মনে রাখবেন, যে ব্যক্তিই আমাদের স্বাধীনতার যুদ্ধকে সাহায্য করতে অস্বীকার করবে, সেই আমাদের শত্রু।"

জওহরলাল নেহেরুর নেতৃত্বে ভারতীয় সেনারা যখন হিমালয় অঞ্চলে যুদ্ধ চালাচ্ছিল, সে সময় ভারতীয় সেনা বাহিনীর দৈন্যের নগ্ন চেহারাটি প্রকট হয়ে দেখা দিয়েছিল। স্বাধীনতার পনের বছর পরেও একটি স্বাধীন দেশের সেনাবাহিনীর এমন করুণ অবস্থা কোনমতেই কাম্য ছিলনা। যুদ্ধের প্রথম দিন থেকেই কিছু সরকারী সংস্থা তৈরী হয়েছিল, যাদের কাজ ছিল আমাদের যুদ্ধরত সেনাদের জন্য খাদ্য, পোষাক, জুতা, মোজা ইত্যাদি ভিক্ষা করা। যে দেশের সেনাবাহিনীর দৈনন্দিন প্রয়োজনীয় সামগ্রী সংগ্রহ করার জন্য ভিক্ষা পাত্র নিয়ে বেরুতে হয়, সেই সেনা বাহিনীর আত্মসম্মান এবং অহংকার ধ্বংস হতে বাধ্য, এবং এ দুটিই হল যে কোন সেনাদলের মনোবল অটুট রাখার জন্য সর্বশ্রেষ্ঠ উপকরণ।

এমনকি জওহরলাল নেহেরুর মৃত্যুর এক বছর পরেও, যখন আমাদের দেশ চিনা কম্যুনিস্ট এবং পাকিস্তানের যৌথ সামরিক আক্রমনের মুখে প্রচন্ড চাপের মধ্যে ছিল, তখনও আমাদের সামরিক দক্ষতা এবং রণকৌশলের মধ্যে প্রচন্ড খামতি দেখা গেছে। মাত্র কয়েক বছর আগেও কয়েকজন ব্যাপারী ব্যবসায়ীকে ভারতের স্বরাষ্ট্রমন্ত্রীকে ধমক দিতে দেখা গেছে যে তাদের টাকাতেই কংগ্রেস বেঁচে আছে এবং তাদের টাকাতেই ভারতবর্ষের স্বাধীনতা ক্রয় করা গেছে। এক বাস্তব ভিত্তিক পর্য্যবেক্ষক দাবী করেছেন যে, যেসব ব্যাপারীরা ভারতের স্বাধীনতা পাওয়ার লক্ষ্যে ভারতকে অর্থদান করেছে, তারাই আবার ভারতের পরাধীনতাকে বজায় রাখার জন্য বৃটিশকে টাকা দিয়েছে। এবং বৃটিশকে প্রদত্ত অর্থের পরিমাণ ভারতকে দেওয়া অর্থ ভিক্ষার থেকে অনেক অনেক গুণ বেশী ছিল।

ক্রমশ একটা অবস্থায় যখন ভারতের মানুষ এবং স্বাধীনতা উভয়ই এক প্রচন্ড সংকটের মধ্যে ছিল, তখন নেতাজী পূর্ব এশিয়ার ভারতীয় ব্যবসায়ীদের উদ্দেশ্যে বলেছিলেন, "There is no private property when a country is in a state of war. Everything belongs to India and India alone." – "যখন একটা দেশ যুদ্ধাবস্থার মধ্যে থাকে, তখন ব্যক্তিগত সম্পদ বলে কোন কিছু থাকেনা। তখন সব সম্পদ ভারতের এবং শুধু ভারতের।"

আর একটা বিষয়ও যথেষ্ট গুরুত্বপূর্ণভাবে লক্ষণীয়। সামরিক নেতৃত্বের কাছে দু'টি বিষয় অত্যন্ত প্রয়োজনীয় – একটি হল উদ্যোগ এবং অপরটি হল আকস্মিকতা (Initiative and surprise)। জওহরলাল নেহেরু এই দুটি নির্ণায়ক বিষয়ের প্রতি আদৌ মনোযোগ দেননি। তাওয়াঙ্গ যুদ্ধে তা প্রমানিত। অথচ, ইম্ফলের যুদ্ধে নেতাজী এই দুই ব্রহ্মাস্ত্রকে কখনই হাতের বাইরে যেতে দেননি।

ইম্ফলের সমতলভূমিতে অনুপ্রবেশের সময় নেতাজী অত্যন্ত প্রত্যয়ের সঙ্গে তার সেনা বাহিনীর দক্ষ এবং চাতুর্য্যপূর্ণ ব্যবহার ঘটিয়েছেন। বৃটিশরা যেভাবে নিজেদের স্বপক্ষে তাদের প্রচার যন্ত্রকে ব্যবহার করত, ঠিক সেভাবেই অত্যন্ত সংকট মুহূর্তেও কুশলী ভাবে আই.এন.এ-র ধারাবাহিক সাফল্যের কথা রেডিও মারফৎ প্রচার করেছেন - "আই.এন.এ-র সেনাবাহিনী দৃঢ় পদক্ষেপে কালাদানের দিকে এগিয়ে চলেছে এবং ইতিমধ্যেই পালেতোয়া এলাকার দখল নিয়ে নিয়েছে। টিডিডম, টঙ্গ্যজ্যাঙ্গ, পালাম এবং ফোর্ট হোয়াইট এখন শত্রুর দখলে। আমাদের ১৭ নং ডিভিশন এখন পশ্চাদাপসরণ করছে। ইম্ফল-শিলচর সড়ক পথকে যোগাযোগ বিচ্ছিন্ন করা হয়েছে। অবস্থা এই সময় অনুকূল না হলেও সংকটজনক নয়।"

অন্যদিকে চাইকম এর প্রচার যন্ত্রের দিকে চোখ ফেরালে দেখা যাবে তারা তাদের সেনাবাহিনীর সাফল্যকে বিপুল পরিমাণ অতিরঞ্জিত করে বহির্বিশ্বের কাছে উপস্থাপন করেছে। তাদের একমাত্র চেষ্টা ছিল ভারতের নৈতিক

শক্তিকে ভেঙ্গে গুঁড়িয়ে দেওয়া। উদাহরণ হিসাবে উল্লেখ করা যেতে পারে, চিন যখন ঘোষনা করে দিল যে তাদের আট ডিভিশন সেনাবাহিনী তিব্বতের মালভূমি অঞ্চলে ঘাঁটি গেড়ে বসেছে, ভারতীয় সংবাদপত্রগুলিও সেই বিবৃতিকেই সত্য বলে প্রচার শুরু করল। ঠিক একই ভাবে কিছুদিন পর চিনা কম্যুনিস্ট পার্টি যখন ঘোষনা করল যে তারা ইন্দো-তিব্বত সীমান্তে পনেরো থেকে কুড়ি ডিভিশন সেনাকে বহাল করেছে, ঠিক তার পরের দিনই আমাদের প্রধানমন্ত্রী জওহরলাল নেহেরু সেই ঘটনার সত্যতা স্বীকার করে প্রচার মাধ্যমের কাছে বিবৃতি দিলেন। এই বিষয়ে বিতর্ক না বাড়িয়ে বলা যেতে পারে, নেতাজীর দাবীকে অস্বীকারের কোন উপায় নেই।

আমাদের বর্তমান নেতারা দেশের মানুষের উপর চিনা সেনাবাহিনীর ক্রমাগত ভীতি প্রদর্শনকে প্রতিহত করতে চাইলে নেতাজীর প্রদর্শিত নেতৃত্ব তাদের দায়িত্ব পালনের সহায়ক হতে পারে। ভারতের স্বাধীনতা আন্দোলন ও যুদ্ধে বৃটিশদের ভূমিকার প্রতি সুবিচার করেও বলা যেতে পারে, বৃটিশ শক্তি তাদের নিজেদের স্বার্থ রক্ষার প্রয়োজনেই জওহরলাল নেহেরুর শক্তি বৃদ্ধি করেছে এবং নেতাজীকে হতমান করেছে।

(খ)

১৯৪০ সালের ১২ই জানুয়ারী কে. এম. মুন্সী লর্ড লিনলিথগোর একটি সাক্ষাৎকার নিয়েছিলেন। তারই সংক্ষিপ্তসার নীচে তুলে দেওয়া হলঃ-

মুন্সী - আমি সাধারণ কংগ্রেস কর্মীদের মধ্যে অন্তর্দ্বন্দ্বের চোরা স্রোত টের পাচ্ছি। আমি ভাবছি গান্ধীজী আর কতদিন ওদের ধরে রাখতে পারবেন। এই মুহূর্তে যদিও তিনি শক্ত হাতে ওদের আটকে রাখতে পেরেছেন।

লিনলিথগো - হ্যাঁ, এখন তিনি যথেষ্ট শক্তিশালী হয়েছেন। কিন্তু আপনি কি সত্যিই মনে করেন যে তিনি জওহরলাল নেহেরুকে পথ দেখাতে পারবেন?

মুন্সী - জওহরলাল নেহেরু একজন বড় মাপের আদর্শবাদী নেতা এবং সে কারণেই তিনি জনসাধারণের আরাধ্য ব্যক্তি। কিন্তু পার্টির উজ্জীবন, সংগঠন এবং পরিচালন কৌশল, সবই গান্ধীজীর অবদান। অতএব জয়ওহরলাল নেহেরু কোনমতেই গান্ধীজীর সঙ্গ ছাড়বেন না।

লিনলিথগো - আমার মনে হয় অফিস ছেড়ে আসাটা আপনার ভুল পদক্ষেপ হয়েছে। হয়ত আপনার কোন অনিবার্য্য কারণ ছিল যা আমি বুঝতে পারছিনা।

মুন্সী - হ্যাঁ, আমরা দীর্ঘদিন অফিস চালাতে পারতাম না এবং আপনাদের সাহায্য করতে পারতাম না, যদি না কেন্দ্রে আমাদের একটা অংশের উপস্থিতি থাকত। সে কারণেই আমাদের অফিসে থাকাটা যুক্তিগ্রাহ্য ছিল। অন্যথায় সেটা অর্থহীন পরিশ্রম হ'ত। সুভাষ আমাদের কাজকে যথেষ্টই কঠিন করে তুলত।

লিনলিথগো - আপনি হয়ত ভাবছেন নেতাজী হল অপ্রতিরোধ্য। কিন্তু আমরা তা ভাবিনা। আশা করছি, আমাদের পক্ষ থেকে খুব তাড়াতাড়িই পদক্ষেপ গ্রহণ শুরু হবে।

লিনলিথগোর কথাই শেষ পর্য্যন্ত ঠিক হল। বৃটিশ শক্তি অচিরাৎ পদক্ষেপ গ্রহণ করল। তারা ১৯৪০ সালের জুলাই মাসে নেতাজীকে গ্রেপ্তার করল। ওদের ওই বর্বরসুলভ আচরণ সুভাষ চন্দ্রকে আরো ক্ষিপ্ত, আরও অনমনীয় করে তুলল।

যুদ্ধ শুরুর সুযোগ নিয়ে নেতাজী ইম্ফল ফ্রন্টে বৃটিশদের উপর আঘাত হানলেন। যুদ্ধাবস্থায় নেতৃত্বদানের কৌশলও তিনি আয়ত্ব করে নিলেন। ভারতের অন্যান্য নেতৃবর্গ এ যাবৎ বৃটিশদের সঙ্গে আপস করে এসেছেন। ফলে তাদের পক্ষে যুদ্ধরীতি শিখবার কোন সুযোগ কিংবা প্রয়োজন ছিলনা। কিন্তু এখন যখন চিনা কম্যুনিস্ট পার্টির হাত ধরে যুদ্ধ ভারতের কাঁধের

উপর চেপে বসেছে, তখন ভারতীয় নেতৃবর্গের এই দুর্বলতা প্রকট হয়ে দেখা দিয়েছে।

নেতাজী ছিলেন একজন দূরদর্শী, নিবেদিত চিত্ত মানুষ। তিনি চূড়ান্ত প্রতিকূল অবস্থার মধ্যে দাঁড়িয়েও বহু যুদ্ধ পরিচালনা করেছেন। তার এই দেশপ্রেমের আবেগ এবং নিষ্ঠা তার সেনা বাহিনীর মধ্যেও সঞ্চারিত হয়েছে। এখন আমাদের দেশের ক্ষমতাসীন নেতৃবর্গকে শিখতে হবে কিভাবে ভারতীয় যোদ্ধাদের প্রথম শ্রেণীর সেনা বাহিনীতে পরিণত করা যায়, যাতে তারা চিনা সেনা বাহিনীর তুলনায় অধিকতর শক্তিধর হয়ে উঠতে পারে। কিন্তু তার আগে ভারতীয় সেনা বাহিনীকে শিখত হবে কিভাবে সেনা বাহিনীকে উজ্জীবিত এবং পরিচালিত করতে হয়, যেমনটি নেতাজী পেরেছিলেন। নিজের সেনা বাহিনীর উদ্দেশ্যে তিনি বলেছিলেন "Follow me! Over the Himalayas! I shall lead you to victory."

(গ)

যদিও ইম্ফলের যুদ্ধে সাফল্য নেতাজীর হাতে আসেনি, কিন্তু তথাপি একটা বাস্তব চিত্র পাওয়া গেছে যে বৃটিশ শক্তি আর বেশীদিন তাদের সেবায় নিয়োজিত ভারতীয় সেনাদের নিয়ে ভারতবর্ষকে তাদের অধীনে রাখতে পারবেনা। তারা আর বেশীদিন নীতি ও আদর্শভ্রষ্ট হয়ে বৃটিশ সম্রাটের পদানত থাকবেনা। ভারতে বৃটিশদের শেষ কমান্ডার-ইন-চিফ ফিল্ড মার্শাল অচিনলেককেও এই কথা স্বীকার করতে হয়েছে।

বৃটিশদের বিভাজনের নীতির প্রয়োগ ঘটেছে বৃটিশ ভারতীয় সেনাবাহিনীর মধ্যেও। ভারতীয় অফিসার এবং সেনাদের বেতন ও চাকুরীর শর্তাবলী বৃটিশদের তুলনায় অনেক কম এবং আচরণ অনেক বেশী অসম্মানজনক ছিল। এমনকি বৃটিশ অফিসারদের পত্নীদের আচরণও ভারতীয় সেনাদের মনে নিভৃতে জাতিঘৃণার বীজ বপন করেছিল। ফলে তাদের মনের মধ্যে

জাতীয়তাবাদের উন্মেষ ঘটেছিল। তারাও মনে প্রাণে চেয়েছিল যে ভারত আবার তার নিজস্ব মহিমায় আত্ম নিয়ন্ত্রনের অধিকার ফিরে পাক।

স্বাধীনতা লাভের সময় বিশেষ করে হায়দ্রাবাদ এবং কাশ্মীর অভিযানের সময় জাতীয়তাবাদে উদ্বুদ্ধ ভারতীয় সেনা অফিসারেরা মাতৃভূমি রক্ষায় উজ্জ্বল দৃষ্টান্ত স্থাপন করেছেন। বৃটিশ সেনা অফিসারেরা, যারা এ যাবৎ ভারতীয় সেনাদের উপর হুকুম চালিয়েছে, তাদের বেশির ভাগই তখন পাকিস্তানের পক্ষ নিল। তুলনামূলকভাবে অনভিজ্ঞ ভারতীয় সেনা এবং সেনানায়কেরা তখন নিজেদের সামরিক প্রজ্ঞা এবং অভিজ্ঞতা প্রয়োগ করেই যুদ্ধ পরিচালনা করেছেন। সে সময় বোঝা গেল নেতাজীর মত সেনানায়কের বিক্রম এবং দক্ষতার কতটা প্রয়োজন ছিল।

ভারতের স্বাধীনতা লাভের পর একটা বিষয় স্পষ্ট হয়ে গেছে যে আমাদের আর বৃটিশের বিরুদ্ধে যুদ্ধ করতে হবেনা। বরং ১৯৬২ সালে কম্যুনিস্ট চিনের বিরুদ্ধে ভারতের যুদ্ধের সময় বৃটিশদের সামরিক সহায়তা নিয়ে ভারতের পাশে এসে দাঁড়াতে দেখা গেছে।

এ থেকে এমনটি ভাবার যথেষ্ট কারণ আছে, ভারত-বৃটিশ বৈরীতা এখন এক অতীত অধ্যায়। শিক্ষিত এবং মহৎ আদর্শবোধ সম্পন্ন বৃটিশ নাগরিকেরা এখন ভারত সম্পর্কে মানবিক ভাবনায় উদ্বুদ্ধ। অতএব আশা করাই যেতে পারে যে নেতাজী সম্পর্কিত প্রকৃত সত্য উদ্ঘাটনের প্রশ্নে তাদের কাছ থেকে সর্বপ্রকার সহায়তা পাওয়া যাবে।

হিমালয় সীমান্তে যখন যুদ্ধ আমাদের ঘাড়ের উপর ক্রমাগত নিঃশ্বাস ফেলছে, তখন আমাদের উচিত হবে নেতাজীর যুদ্ধনাদকে স্মরণ করা, "জয় হিন্দ"। তবেই আমাদের জন্য অপেক্ষা করবে গৌরবময় বিজয়।

১৮. নেতাজী সম্পর্কে মস্কোতে অনুসন্ধান

(ক)

১৯৫৫ সালের শরৎকালে মস্কোতে পৌঁছে হঠাৎ আমার মনে পড়ল, গত বছর বার্লিনে বসে গোগা আমাকে কিছু কথা বলেছিল। এখন আমার মনে হল রাশিয়াতে বিদেশী পর্য্যটকদের ভ্রমণের বিষয়ে কড়াকড়ি কিছু শিথিল হয়েছে। আমার পিছনে এখন রাশিয়ার গুপ্ত পুলিশ আর অনুসরণ করছে না, এমন একটা ধারণা পেয়ে আমি একটু উৎফুল্ল বোধ করলাম। আমি গোর্কী স্ট্রীট ধরে হাঁটতে লাগলাম, এটাই হচ্ছে সোভিয়েত রাজধানীর প্রধান রাস্তা। এখানেই পুশকিনের বসতবাটি।

যন্ত্রতাড়িতের মত আমার পা দু'টি আমাকে স্ট্রাসনই বুলেভার্ডের দিকে নিয়ে চলল। ১৩ নম্বর বাড়ীটা একই রকম আছে, যদিও বহুদিন আমি সে বাড়ী ছেড়েছি। আমি বাড়ীর প্রহরী জেজুরনির সঙ্গে দেখা করার জন্য বাম দিকে ঘুরলাম। সমস্ত রাশিয়া জুড়েই বাড়ি পাহাড়ার জন্য বিশ্বস্ত প্রহরী রাখা এক পুরানো প্রথা। তারা রাশিয়ার গুপ্ত পুলিশের কাছে এক অদৃশ্য দক্ষ অস্ত্র।

কমরেড জেজুরনি KUTV (Communist University for the workers of the East, run by the comintern) এর সদস্য। দেখলাম সে একই রকম আছে। আমার ছাত্রাবস্থায় আমার সঙ্গে তার গভীর বন্দুত্বের সম্পর্ক ছিল। মস্কোতে বিদেশী ছাত্রদের জন্য হাত খরচ ও রেশনের পরিমান গড়পড়তা রাশিয়া কর্মচারীদের তুলনায় অনেক ভাল ছিল। যেহেতু মস্কোতে খাদ্যাভাবের সময় জেজুরনি আমার কাছ থেকে প্রচুর খাদ্যাদি সাহায্য পেত, সে কারণে সে আমার প্রতি যথেষ্ট কৃতজ্ঞও ছিল।

পুরানো বন্ধুরা যেমন করে, জেজুরনি আমাকে রান্নাঘরে বসিয়ে সামোভার থেকে গরম চা ঢেলে আমাকে খাওয়ালো। আমার আসার কারণ সম্পর্কে

সামান্য ইঙ্গিত দিতেই সে বুঝে গেল আমি কি চাই। সে আমাকে স্পষ্টতঃই জানালো – "To pay my gratitude I shall help you in your enquiries of a confidential nature." – "আমার কৃতজ্ঞতার বিনিময়ে আমি তোমাকে তোমার গোপন অনুসন্ধানের বিষয়ে সাহায্য করব।"

গোগার বলা কথাগুলি যখন আমি জেজুরনিকে আবার শোনালাম, সে মনোযোগের সঙ্গে প্রতিটি কথা শুনল, তারপর বলল, "কমরেড ভেরা তোমাকে এ ব্যাপারে সাহায্য করতে পারবে।"

"কোন ভেরা?" আমি জিজ্ঞাসা করলাম ওকে।

"কেন, তুমি ভুলে গেছ ভেরাকে? ওর গায়ের রংটা একটু চাপা, তোমার সঙ্গে বাংলায় কথা বলার তালিম নিত।" জেজুরনি উত্তর দিল।

"সে আমাকে কি সাহায্য করবে?"

"স্ট্যালিনের মৃত্যুর সময় পর্য্যন্ত সে কমিনটার্নের এশিয়াটিক সিক্রেট সেকশনের প্রধান হিসাবে কাজ করত।"

"এখন সে কি করে?" আমি আবার প্রশ্ন করলাম।

"এখন সে 'INTOURIST' এর এশিয়ান ট্যুরিস্ট সেকশনে কাজ করে।"

"তুমি কি আমাকে যত তাড়তাড়ি সম্ভব ওর সঙ্গে যোগাযোগ করিয়ে দেবে?" আমি জেজুরনিকে অনুরোধ করলাম।

"কাল সন্ধ্যায় তুমি হাঁটতে হাঁটতে এই কিচেনে চলে এসো। তখন তুমি নিরিবিলিতে ওর সঙ্গে কথা বলতে পারবে।"

"তুমি কি নিশ্চিত যে আমি যে বিষয়ে তদন্ত করতে এসেছি, সে বিষয়ে ওর কাছে কিছু তথ্য আছে?"

আমার প্রশ্নের উত্তরে জেজুরনি বলল, "আমি নিশ্চিত। ১৯৫০ সালের গোড়ার দিকে যখন মাও-সে-তুং আমাদের দেশে এল, তখন তাকে ক্রেমলিনে ডেকে পাঠানো হয় ভারতবর্ষ সম্পর্কে কিছু আলোচনার জন্য।"

"তার মানে তুমি বলছ যে ভেরা সোভিয়েত সরকারের কাছে একজন ভারত বিশেষজ্ঞ হিসাবে স্বীকৃতি পেয়েছিল?" আমি জানতে চাইলাম।

পুরানো কমিনটার্নে ঘোরাঘুরি করে আমি নিশ্চিত হলাম যে আমার অনুসন্ধান ঠিক পথেই চলছে। সোভিয়েত সার্কেলগুলিও ভারতের সঙ্গে ঘনিষ্ঠতা বাড়াতে আগ্রহী ছিল, বিশেষ করে জওহরলাল নেহেরুর সোভীয়েত ভ্রমণের পর তাদের আগ্রহ আরো বেড়ে যায়। এমনকি নেহেরুর পর রাশিয়ার পক্ষ থেকে সোভিয়েত প্রধান ক্রুশ্চেভের ভারত ভ্রমণের প্রস্তুতিও চলছিল।

এর মধ্যে 'হিন্দি-রুশী ভাই ভাই' শ্লোগানটি জনপ্রিয় হয়ে ওঠায় আমি সাহসিকতার সাথে আমার কাজ করার সুযোগ পেলাম।

(খ)

ভেরা পরিস্কার বাংলায় আমাকে জিজ্ঞাসা করল, "তুমি তো অ্যাকিমভকে জানো, তাই না? এ' হল সেই লোকটা, যে তোমাকে লুবিয়াংকাতে জিজ্ঞাসাবাদ করেছিল। যুদ্ধের সময় সে ভারতীয় মিলিটারী ইউনিটের প্রধান হয়েছিল।"

"রাশিয়াতে ভারতীয় মিলিটারী ইউনিট ছিল নাকি?" আমি ভেরার কাছে জানতে চাইলাম।

"হ্যাঁ, তবে সেখানে কোন ভারতীয় ছিলনা। সেটা গঠিত হয়েছিল রাশিয়ান সদস্যদের নিয়ে। ওদের লক্ষ্য ছিল বৃটিশদের ইন্ডিয়ান সিভিল সার্ভিসের ধাঁচে ভারতীয় বিষয়গুলি পরিচালনা করা। ১৯৪০ সালে স্ট্যালিন-হিটলার গোপন চুক্তির পর ভারতীয় বিষয়গুলি নিয়ে নীতি নির্দ্ধারণের দায়িত্ব অর্পিত হল রাশিয়ার হাতে। কিন্তু স্ট্যালিনের সঙ্গে হিটলারের বিশ্বাসঘাতকতার ফলে এই ভারতীয় ইউনিটটি স্থগিত হয়ে রইল। নাজিদের রাশিয়া আক্রমনের পর ভারতকে হিটলার তার নিজস্ব লীলাক্ষেত্র হিসাবে ব্যবহার করতে চেয়েছিল। সুভাষ চন্দ্র নাজিদের পক্ষে এজেন্ট হয়ে কাজ করবেন ঐ রকম একটা চুক্তির ভিত্তিতে তারা ফ্যাসিস্ট সুভাষ চন্দ্রের বার্লিনে পলায়নের ব্যবস্থা করল।"

আমি এবার প্রতিবাদ করলাম, "সুভাষ চন্দ্র কখনই ফ্যাসিস্ট ছিলেন না।"

ভেরার বক্তব্য, "অ্যাকিমভের মত সোভিয়েত নেতাদের কথায় সুভাষ চন্দ্র তাই ছিলেন। অ্যাকিমভ তার নিজস্ব কম্যুনিস্ট এজেন্টদের মাধ্যমে সুভাষ বসুর সম্পর্কে ভুরিভুরি রিপোর্ট সংগ্রহ করেছিলেন। অ্যাকিমভের একটা মিটিংএ আমি উপস্থিত ছিলাম। সখানে আমি স্বয়ং অ্যাকিমভকে বলতে শুনেছি যে ১৯৩০ এর দশকের গোড়ার দিকে ইউরোপ ভ্রমণ কালে সুভাষ চন্দ্র ফ্যাসিস্টদের সঙ্গে যুক্ত হয়েছিলেন।"

"কিন্তু এ সব তো সর্বৈব মিথ্যা!" আমি আবার প্রতিবাদ করলাম।

"কিন্তু অ্যাকিমভ এতদূর এগিয়ে গিয়েছিল যে সে কংগ্রেস নেতাদের উদ্ধৃতি উল্লেখ করে বলেছে কংগ্রেস নেতারাই সুভাষ চন্দ্রকে ফ্যাসিস্ট প্রমাণ করার চেষ্টা করেছে।" ভেরা আমার কথার উত্তর দিল।

"কিন্তু এসব কথা নিশ্চয়ই ভারতীয় কম্যুনিস্ট পার্টির অপব্যাখ্যা।" আমি দৃঢ় কণ্ঠে জবাব দিলাম।

ভেরা আমার কথা মানতে চাইলনা। তার বক্তব্য "আমি কিন্তু ভারতীয় কম্যুনিস্ট পার্টির রিপোর্টের সত্যতাকে অস্বীকার করছিনা। বার্লিনে পৌঁছাবার পর সুভাষ চন্দ্র হিটলারের কাছে সব থেকে গুরুত্বপূর্ণ ফ্যাসিস্ট মিত্র হয়ে উঠেছিলেন। আর এক বিশ্বাসঘাতক জেনারেল ভ্লাসভের কাছ থেকে প্রশিক্ষণ নিয়ে সুভাষ এবং তার লোকজনেরা আমাদের সোভিয়েত ভূমি আক্রমনের জন্য প্রস্তুত হয়েছিলেন।"

আবার আমাকে প্রতিবাদ করতে হল, "তোমার কাছে নিশ্চয়ই ভুল বার্তা পৌঁছেছে। যখন সুভাষবাবু প্রাচ্যের পথে যাত্রা করলেন, তার আগে তিনি সুস্পষ্ট নির্দেশ দিয়ে গেছেন যে ইউরোপে অবস্থিত ভারতীয় সেনাবাহিনী ভারতে এবং ভারতের বাইরে শুধু বৃটিশ-ইন্ডিয়ান সেনা বাহিনীর বিরুদ্ধে ব্যবহৃত হবে। সোভিয়েত রাশিয়ার বিরুদ্ধে তার কোন লড়াই নেই, বরং তিনি সর্বদা রাশিয়াকে বৃটিশের শক্তিশালী শত্রু হিসাবে দেখেছেন, এবং সেই সুবাদেই রাশিয়া ভারতের স্বাভাবিক বন্ধু।"

ভেরা আবার বলতে শুরু করল, "যখন আমাদের চিনা কমরেডরা সুভাষ চন্দ্রকে ডাইরেনে খুঁজে পেল, তখন তাকে সেখানে গ্রেপ্তার করা হল, এবং অ্যাকিমভ এতটা পথ পেরিয়ে মাঞ্চুরিয়াতে ছুটে গেলেন সুভাষকে

জিজ্ঞাসাবাদ করার জন্য। সে সুভাষ চন্দ্রকে জার্মান ফ্যাসিস্টের মিত্র বলে চিহ্নিত করল এবং তাকে ইয়াকুস্কের কেন্দ্রীয় জেলে বন্দী করা হল।”

এই সময় পেটরভ এসে জানালো যে সান্ধ্য আহার গ্রহণের জন্য আরো কয়েকজন তার কিচেনে এসে গেছে। আমি ভেরার সঙ্গে ব্যবস্থা করলাম যে পরদিন গোর্কী পার্ক ধরে মস্কভা নদীর ধারে একটা পার্কে আমরা আবার মিলিত হব।

(গ)

পরদিন ভেরার কাছে অন্যান্য খবর যা পাওয়া গেল, তাতে জানলাম যে নেতাজী আর তার অন্যান্য সঙ্গীরা যারা ইয়াকুস্কের জেলখানায় বন্দী আছে, তারা সোভিয়েত গুপ্ত পুলিশের জিম্মায় রয়েছে, এবং তাদের সঙ্গে কোন প্রকার যোগাযোগ করা সম্পূর্ণ অসম্ভব। সাইবেরিয়ার জেলখানার দীর্ঘ ইতিহাসে দেখা যায় যে দস্তয়েভস্কির মত দু' এক জন অসাধারণ প্রতিভা ছাড়া আর কারুর সেই জেলখানা থেকে জীবন্ত বেরুনো সম্ভব নয়। আর তারাও মুক্তি পেয়েছেন বহির্বিশ্বের বিপুল জনমতের চাপে।

তবে ভেরা আমাকে খানিকটা নিশ্চিন্ত করে জানালো যে বর্তমানে কমরেড ক্রুশ্চেভের নেতৃত্বে বিদেশী বন্দীদের সম্পর্কে নিয়ম কানুন বেশ কিছু শিথিল হয়েছে। নিজ নিজ দেশের সহায়তায় তাদের মধ্যে বেশ কিছু বন্দী মুক্তি পেয়েছেন।

“তোমার কি মনে হয় ভেরা, সুভাষ বাবুর ফিরে আসা কি সম্ভব হবে?” আমি ভেরাকে জিজ্ঞাসা করলাম।

“কেন নয়? তোমাদের প্রধানমন্ত্রী জওহরলাল নেহেরু যদি তার রাশিয়া ভ্রমণের সময় এই বিষয়টি নিয়ে রাষ্ট্রীয় স্তরে আলোচনা করতেন, তবে সুভাষ চন্দ্রের মুক্তির ব্যাপারটা অনেক সহজ হয়ে যেত।”

মস্কো ছাড়ার আগে ভেরার সঙ্গে দেখা করার প্রতিশ্রুতি দিয়ে এবার আমি গেলাম আমাদের ভারতীয় দূতাবাসে। সেখানে উচ্চ পর্য্যায়ের দু’একজন কর্তা ব্যক্তির সঙ্গে আমার জানাশোনা ছিল। তাদেরকে যখন আমি এখানে আসার কারণটা জানালাম, তখন তাদের মধ্যে আমার প্রবীণতম বন্ধুটি একটু হেসে আমাকে বললেন, “আপনি কলকাতার বাজার চলতি গুজব এখানে বয়ে নিয়ে এসেছেন। নেতাজীকে নিয়ে ঘাঁটাঘাঁটি করে ইন্দো-সোভিয়েত সম্পর্কটাকে নষ্ট করে লাভ নেই।”

উত্তরে আমি বললাম, “আমার কিন্তু মনে হয়না যে নেতাজী সম্পর্কে অনুসন্ধানের ফলে আমাদের দুই দেশের মধ্যে সম্পর্ক বিঘ্নিত হবে। স্ট্যালিন জমানায় বহু দেশের সঙ্গে সোভিয়েত সম্পর্ক যে পরিমাণ তিক্ত হয়েছিল, বর্তমান সোভিয়েত নেতৃত্ব সে সব ত্রুটি বিচ্যুতিকে সংশোধনের চেষ্টা করছেন। তাছাড়া স্ট্যালিন-হিটলার চুক্তি সংক্রান্ত দলিলপত্র থেকে বোঝা যায় যে স্ট্যালিন নেতাজীর প্রতিও অবিচার করেছেন। কিন্তু এখন যখন এখানে স্ট্যালিনের প্রভাব মুক্তি (de-Stalinisation)র উদ্যোগ শুরু হয়েছে, তখন আমার তো মনে হয় আমার সেই অনুসন্ধানের কাজ আমাদের দুই দেশের মধ্যে সম্পর্ক আরো দৃঢ় করবে।”

আমার বন্ধুরা কিন্তু আমার যুক্তি মানতে রাজী হলেননা। ঘটনা চক্রে আমাদের ‘মিলিটারী অ্যাটাচে’ এই দূতাবাসেই বসতেন। তিনি বরং আমার বিষয়ে আর একটু ধৈর্য্যশীল ছিলেন। আমার সব কথা শোনার পর তিনি আমাকে প্রতিশ্রুতি দিলেন যে তিনি তার ব্যক্তিগত পরিচিতিকে ব্যবহার করে আমাকে সাহায্য করার যথাসাধ্য চেষ্টা করবেন। তবে এ’ও তিনি স্পষ্ট করে জানালেন যে এই বিষয়টি একান্তভাবে পররাষ্ট্র মন্ত্রকের অন্তর্গত।

এরপর যখন ভেরার সঙ্গে আমার দেখা হ'ল, সে আমাকে বলল, "You had a rebuff about the repatriation of your own war prisoners from your Embassy. I expected it to be so." – "তোমার দেশের যুদ্ধবন্দীদের নিয়ে কথা বলতে গিয়ে তুমি তোমার দূতাবাসের কাছে ধমক খেয়েছ। আমি এমনটাই আশা করেছিলাম।"

"তুমি কি করে জানলে?" আমি অবাক হয়ে জিজ্ঞাসা করলাম।

"পুরানো কমিনটার্নের ভারতীয় বিভাগের কর্মচারী হিসাবে আমি ইন্দো-সোভিয়েত সম্পর্কের বিষয়ে যথেষ্ট আগ্রহী। আমি চাইলে তোমাদের দূতাবাসের সব খবরই জানতে পারি।"

"তুমি এত সংবাদ কোন সূত্রে পাও বলতো?" আমি জিজ্ঞাসা করলাম ওকে।

"আমার এক পুরানো সহকর্মী ভালিয়ার অফিস এখন দূতাবাসেই। সে এখন আমাদের বিভিন্ন দপ্তরের মধ্যে যোগাযোগের দায়িত্বে আছে। তার মাধ্যমেই আমার কাছে সব খবর আসে। তবে একটা বিষয়ে আমি সাবধান করে দিতে চাই, তোমার উদ্দেশ্যের কথা যদি সোভিয়েত কর্তাদের কানে যায়, তুমি কিন্তু কঠিন বিপদে পড়বে, তোমার সোভিয়েত বন্ধুদেরও বিপদের মধ্যে ফেলবে।"

ভেরার ইঙ্গিতটা আমার বুঝতে কষ্ট হলনা। আমি ঘোর বিপদের মধ্যে আছি। আস্তে আস্তে আমার বই এবং কাগজপত্র সব গুছিয়ে নিলাম। ভারতে ফিরে সে সব আমার বই প্রকাশের কাজে লাগবে।

ভেরার বন্ধুত্বপূর্ণ হস্তক্ষেপের কারণেই সোভিয়েতের অন্যান্য অংশে ভ্রমণে আমার কোন অসুবিধা হলনা, সোভিয়েত পুলিশ আমাকে অনুসরণ করা থেকে বিরত রইল। কিন্তু ভেরার যথেষ্ট প্রভাব সত্বেও আমি সাইবেরিয়া অঞ্চলে যাবার ভিসা পেলামনা।

সে সময় রাশিয়ায় পর্য্যটন নীতিতে বেশ কিছু পরিবর্তন ঘটেছিল। তার সুযোগ নিয়ে আমি তাসখন্দ এবং আমুদরিয়ার টারমেজ হয়ে আরব সীমান্তের উদ্দেশ্যে বেরিয়ে পড়লাম।

যদিও মস্কোতে আমাদের নিজের দেশের দূতাবাসের কর্মপ্রণালী আমাকে যথেষ্ট হতাশ করেছিল, যার ফলে আমার নেতাজী সম্পর্কিত অনুসন্ধানের কাজ অসম্পূর্ণ রয়ে গেল, তথাপি মধ্য এশিয়ায় আমার পুরানো কমিনটার্নের বন্ধুদের সহায়তায় আমার অনুসন্ধানের কাজ যথাসম্ভব চালিয়ে যেতে লাগলাম।

১৯. মধ্য এশিয়ায় নেতাজীকে খোঁজার চেষ্টা

(ক)

১৯৫৫ সালে রাশিয়ার অক্টোবরের উৎসব পর্য্যন্ত আমি মস্কোতেই আটকে ছিলাম। ভেরা আমাকে সাবধান করে দিয়েছিল "For the sake of a ferocious Facist you have spoiled your present visit to the Soviet Union. Now this is time, I warned you, if you are not careful you may be sent to Yakutsk as Subhas Babu's companion." – "তোমার এই বিপজ্জনক ফ্যাসিস্ট পরিচিতির কারণে তোমার সাম্প্রতিক সোভিয়েত ভ্রমন বরবাদ হয়েছে। আমি তোমাকে আগেই সাবধান করে দিয়েছিলাম, এখনও তুমি যদি সাবধান না হও, তবে ইয়াকুস্কের জেলখানায় সুভাষ বাবুর সঙ্গী হিসাবে তোমাকে পাঠানো হতে পারে।"

আমি হেসে বললাম, "এর থেকে বেশী খুশীর খবর আর কিছু হবেনা।"

ভেরা তিক্ত কণ্ঠে জবাব দিল, "মনে রেখো, এই জীবনে তুমি আর বাইরের পৃথিবীর আলো দেখতে পাবেনা। তোমার নিজের দেশ জানতেও পারবেনা তোমার ভাগ্যে কি ঘটেছে।"

একটু ক্ষুব্ধ কণ্ঠে আমি প্রশ্ন করলাম, "Why do you punish us that way at the same time boasting about everlasting Indo-Soviet friendship?"- "তোমরা কেন আমাদের এভাবে শাস্তি দিচ্ছ, অন্যদিকে যখন ঢাকঢোল পিটিয় চিরস্থায়ী ইন্দো-সোভিয়েত বন্ধুত্বের কথা বলে বেড়াচ্ছ?"

"কারণ সোভিয়েত ইউনিয়নে কোন ফ্যাসিস্টকে সহ্য করার থেকে বড় ঘৃণ্য বিষয় আর কিছু নেই।"

ভেরার কথার জবাবে আমি জানালাম, "সুভাষ বাবু কোনই দিনই ফ্যাসিস্ট ছিলেননা।"

"কিন্তু তোমাদের দূতাবাস তোমার কথা স্বীকার করেনা।"

"তুমি কি ভাবে সে কথা জানলে?" জিজ্ঞাসা করলাম আমি।

"আমি তোমাকে বলেছিলাম না, তোমাদের দূতাবাস আমাদের কাছে কোন তথ্য গোপন রাখেনা। আমার বন্ধু ভ্যালেন্টিনা ভেরামোভা তোমাদের দূতাবাসে কাজ করে। সে আসলে একজন দক্ষ এবং বিশ্বাসযোগ্য সোভিয়েত গুপ্ত পুলিশ এজেন্ট। সেই তোমার সন্দেহজনক অনুসন্ধানের কাজের ব্যাপারে কর্তৃপক্ষের কাছে রিপোর্ট করেছে। এর ফলে যে কোন সময় তোমাকে সাইবেরিয়াতে পাঠানো হতে পারে। এখানের কর্তারা তোমার রাশিয়া ছাড়ার উপরেও নিষেধাজ্ঞা জারী করতে পারে।"

একটি বিষয় আমি ভেরার কাছে গোপন করেছিলাম। ইতিমধ্যে আমি আমাদের দূতাবাসের মাধ্যমে সোভিয়েত পুলিশের কাছে একটি 'এক্সিট পারমিট' এর জন্য আবেদন করেছিলাম। এবার আমি ভেরার কাছে সেই গোপন সত্যটি উদ্ঘাটন করে বললাম, "আমার একজন অত্যন্ত ভালো বন্ধু এবং কমিনটার্নের 'সিক্রেট সেকশনের' দায়িত্বশীল সেক্রেটারী হবার সুবাদে তুমি আমার অবস্থানের কথা মস্কোর মধ্যে সব থেকে ভালো জানো।"

আমার কথা শোনার পর ভেরা বলল, "আমি জানি ভারতে তুমি কম্যুনিস্ট বিরোধী বলে পরিচিত। যে কোন দেশের কম্যুনিস্ট পার্টির কাছ থেকে আসা রিপোর্টের বিশ্বাসযোগ্যতা তোমাদের দূতাবাসের রিপোর্টের তুলনায় অনেক বেশী। তোমার ক্ষেত্রেও ঠিক তাই হয়েছে। তোমার এম্বাসি তোমার সম্পর্কে যে রিপোর্ট দিয়েছে, তার তুলনায় তোমার দেশের কম্যুনিস্ট পার্টির দেওয়া রিপোর্ট অনেক বেশী বিশ্বাসযোগ্যতার সঙ্গে গৃহীত হয়েছে।"

"কিন্তু আমি তো সোভিয়েত ইউনিয়ন সম্পর্কে কোন বিরূপ মন্তব্য করিনি কখনও।"

"কিন্তু আমরা তোমার দেশের কম্যুনিস্ট পার্টির রিপোর্টের উপর অনেক বেশী গুরুত্ব দিয়ে থাকি। তারা তোমাকে সাম্রাজ্যবাদীদের এজেন্ট হিসাবে চিহ্নিত করে দিয়েছে। তুমি সুভাষ বসুর মত একজন স্বনামধন্য ফ্যাসিস্ট ব্যক্তির সম্পর্কে বিস্তর সহানুভূতির সঙ্গে যে তদন্তের কাজ চালাচ্ছ, সেটাই তোমার

বিরুদ্ধে কম্যুনিস্ট পার্টির রিপোর্টকে সত্য প্রমাণ করেছে। এখন অবস্থা এমন দাঁড়িয়েছে যে সুভাষ বসুকে সাইবেরিয়ার জেলখানা থেকে বের করা তো দূরের কথা, তোমাকেই হয়ত সুমেরু বৃত্তের কুখ্যাত জেলখানায় পচতে হবে।"

"এ অবস্থায় আমাকে তুমি কি করতে বল?" আমি জিজ্ঞাসা করলাম ভেরাকে।

"সোজা দেশে ফিরে যাও। 'INTOURIST' দপ্তরে আমার নিয়ন্ত্রণ আছে। আমি তোমাকে একটা এক্সিট পারমিটের ব্যবস্থা করে দেব। আজ রাতে তাসখন্দে যাবার একটা উড়ানের ব্যবস্থাও আমি করে দেব। সেখান থেকে আর একটা এয়ারোফ্লোটের বিমানে তুমি টারমেজ হয়ে কাবুল চলে যাবে। এতটুকুই আমি আমার পুরানো কমিনটার্নের দিনের প্রিয় বন্ধুটির জন্য করতে পারি।"

মস্কোতে আমার দেশের দূতাবাসের অদ্ভুত কর্মপদ্ধতি দেখে আমার নেতাজী সম্পর্কিত অনুসন্ধানের উৎসাহে তখন ভাঁটা পড়ে গিয়েছিল। তাদের এই আচরণ আমার কাছে এক সতর্কতার বার্তা পৌঁছে দিল, নেতাজীর নিরুদ্দেশ রহস্য ভেদে আমাদের মস্কো দূতাবাসের উপর নির্ভর করা যাবেনা। শুধু নেতাজীই নয়, সোভিয়েত ইউনিয়নে বন্দী কোন ভারতীয় নাগরিকের ক্ষেত্রেই সোভিয়েত ইউনিয়ন এখন নিরাপদ নয়।

(খ)

আমাদের ইলিউসিন-১২ এরোপ্লেন মস্কোর ভুঙ্কোভো বিমান বন্দর থেকে রাত ৩টার সময় উড়ান শুরু করল। ইউরালাস্কে একটা সংক্ষিপ্ত বিরামের পর আমরা কাজাকিস্তানের আকটুবিনস্ক বিমান বন্দরে নামলাম। ভেরা ইতিমধ্যে আসকারফ্ নামে একজনকে খবর দিয়ে রেখেছিল। সে আবার ত্রিশের দশকের মাঝামাঝি সময় KUTB তে আমার সহপাঠী ছিল। এ ছাড়া সে মধ্য এশিয়ায় 'INTOURIST' এরও কর্মী ছিল। আকটুবিনস্ক বিমান বন্দরেই তার

সঙ্গে আমার দেখা হল। আমি সোভিয়েত এলাকা না ছাড়া পর্য্যন্ত সে আমার সঙ্গেই ছিল।

কাজাক বিমান বন্দরে এসে দেখা গেল তাপমাত্রা শূণ্য ডিগ্রীর বহু নীচে। সাইবেরিয়ার হিংস্র ঝড়ো হাওয়া যেন আমাদের উড়িয়ে নিয়ে যাচ্ছিল। আমি বিরক্ত হয়ে বলেই ফেললাম, “যাচ্ছেতাই ব্যাপার! এ জায়গা একেবারেই বাসের অযোগ্য।”

আসকারফ্ আমার কথা শুনে একটু হাসল, “তা হলে ভাবো ইয়াকুস্কের বন্দীদের কি দুঃসহ অবস্থা। দস্তয়ভস্কি এ জায়গাকে মৃত্যুপুরী বলে আখ্যা দিয়েছিলেন, ‘Death House’, তাও তো ও’কে সাইবেরিয়ার তত ভিতরে পাঠানো হয়নি।”

“আমি যে কোন মূল্যে ভারতীয় যুদ্ধ বন্দীদের ওই নরক থেকে উদ্ধার করতে চাই। তোমাকে কিন্তু আমায় সাহায্য করতেই হবে।” আমি আসকারফ্‌কে আকুল আবেদন জানালাম।

“বর্তমান রাজনীতি যে নতুন মোড় নিয়েছে, তাতে আমাদের নিজেদের স্বার্থেই সে কাজ করতে হবে।” আসকারফ্ আমাকে উত্তর দিল।

“সেটা কি রকম?” প্রশ্ন করলাম আমি।

“তুমি নিশ্চয়ই লক্ষ্য করেছ যে মধ্য এশিয়াতে আমাদের উন্নয়নের দিকে চিনারা সতর্ক দৃষ্টি রেখে চলেছে। আজ বা কাল আমাদের সঙ্গে ওদের সংঘাত অনিবার্য্য। এ রকম একটা জরুরী অবস্থায় এশিয়ার উপর আমাদের দখল কায়েম রাখতে হলে ভারতবর্ষকে আমাদের পাশে পেতে হবে।”

আসকারফ্ আমাকে যে ব্যাখ্যা শোনালো, তার জবাবে আমি বললাম, “তোমরা যদি ভারতীয় যুদ্ধবন্দীদের ছেড়ে দাও, বিশেষ করে সুভাষ বাবুকে যদি মুক্তি দাও, তবে আমার সমগ্র দেশটাই তোমাদের পাশে দাঁড়িয়ে চিনের বিরুদ্ধে যুদ্ধ করতে প্রস্তুত।”

আসকারফ্ আবার তার ভাবনার কথা শোনালো, “আমরা যে রাজনৈতিক লাইন স্থির করেছি, আমাদের দু’দেশের মানুষও, যদি এ ভাবে ভাবত...”

আমরা আবার যখন প্লেনে উঠে যাত্রা শুরু করলাম, যে দিকেই তাকাই, জনবসতি এবং গাছপালা সব আস্তে আস্তে আমাদের দৃষ্টি থেকে মুছে গেল। দক্ষিণ দিকে আর একটু উঁচুতে উঠে আমরা কেজিলকুম এবং কারাকুম মরুভূমির উপর দিয়ে উড়ে চললাম। আমুদরিয়া পামিরের বুকের উপর দিয়ে দুরন্ত গতিতে বয়ে চলেছে। তার গতিপথ সোভিয়েত ইউনিয়ন এবং আফগানিস্তানকে দ্বিখন্ডিত করেছে এবং তারপর মরুভূমির মধ্যে অদৃশ্য হয়ে গেছে।

আসকারফ্ আবার আমাদের আলোচ্য বিষয়ে ফিরে এল। "তাকিয়ে দেখ, আমুদরিয়া এই মরুভূমির মধ্যে কোথায় হারিয়ে গেছে তা খুঁজে বার করা কঠিন, কিন্তু তার থেকে অনেক বেশী কঠিন হল এই বিশাল সোভিয়েত ভূমিতে তোমার যুদ্ধবন্দীদের খুঁজে বার করা।"
"কিন্তু যে ভাবেই হোক, সেই কঠিন কাজটাতো আমাদের করতেই হবে" বললাম আমি।
আসকারফ্ এবার বলল "আমাদের সব থেকে বড় বাধাটা কি জানো, আমরা তো সরকার নই, আমরা কাজ করছি ব্যক্তিগত স্তরে। যদি আমাদের দুই দেশের সরকার এ ব্যাপারে আগ্রহী হত, তা হলে সব সমস্যারই সমাধান করা সম্ভব হত।" একটু থেমে আসকারফ্ আবার বলতে শুরু করল, "আমি সীমান্ত অঞ্চলে আমার দেশের মানুষদের বাঁচাবার জন্য চিনাদের বিরুদ্ধে অনেক যুদ্ধ করেছি। হিমালয় অঞ্চলে তোমাদেরও একই রকম যুদ্ধে নামতে হবে। এই কাজে আমি ব্যক্তিগত ভাবে আগ্রহী এবং আমি তোমার সাফল্য দেখতে চাই। কারণ, আমার বহু ভারতীয় বন্ধু বিনা দোষে সাইবেরিয়ার জেলে পচে মরছে। তারা কখনই ফ্যাসিস্ট ছিলনা, তথাপি সেই কল্পিত অপরাধে তারা সাজা ভোগ করে চলেছে।"

(গ)

আমি তাসখন্দে তিন দিন আটকে রইলাম, কারণ কাবুল যাবার উড়ান সপ্তাহে মাত্র একটা। আসকারফ্ও নেতাজী সম্পর্কে খুব উচ্চ ধারণা পোষণ করে। একদিন আমাকে বলেই ফেলল, "I feel for your leader so much because I had an occasion to meet him personally... আমি তোমার মহান নেতার কথা খুবই ভাবি কারণ একবার তার সঙ্গে আমার ব্যক্তিগত যোগাযোগের সুযোগ হয়েছিল। ১৯৪১ সালের মার্চ মাসে তার সঙ্গে আমার দেখা হয়েছিল, তখন তিনি বার্লিন যাবার পথে। কমিনটার্ন থেকে আমার উপর দায়িত্ব দেওয়া হয়েছিল, আমি যেন তাকে আমাদের আফগান সীমান্ত অঞ্চল থেকে মস্কো পর্য্যন্ত পথ দেখিয়ে নিয়ে যাই। আমি তার ব্যক্তিত্ব এবং ঝুঁকি নেবার প্রবণতা দেখে মুগ্ধ হয়েছিলাম। তিনি আফগানিস্তানের মধ্য দিয়ে তার যাত্রার অভিজ্ঞতার বিবরণ আমাকে প্রচুর শুনিয়েছেন। অনেকেই হিন্দুকুশ পর্বতের পথ দিয়ে যাবার অভিজ্ঞতার বর্ণনা দিয়েছেন, কিন্তু সুভাষ বসুর বর্ণনার একটা অত্যন্ত চিত্তাকর্ষক ভঙ্গী ছিল। যাত্রাপথে বামিয়ানে দুটি বিশাল বুদ্ধমূর্তি দেখেছেন তিনি। সেগুলি পৃথিবীর বৃহত্তম বুদ্ধমুর্তি। তিনি সেগুলি দেখে এতটাই মুগ্ধ হয়েছিলেন যে তার সেই রাজনৈতিক যাত্রা যেন তীর্থযাত্রায় পরিণত হয়েছিল। যদিও সেখানের আবহাওয়া এবং জীবনযাত্রার মান অত্যন্ত নোংরা, তথাপি 'ধম্ম'কে স্মরণ করে তিনি মেঘের উষ্ণীষ পরা কোহ-ই বাবা পর্বত অতিক্রম করেছেন, অতি সহিষ্ণুতার সঙ্গে, যেমনটি খৃষ্ট্রীয় সপ্তম শতকে হিউ-এন-সাঙ করেছিলেন।"

"তোমার সঙ্গে যখন নেতাজীর দেখা হয়, তখন তিনি নিশ্চয়ই খুব ক্লান্ত ছিলেন?" আমি জিজ্ঞাসা করলাম।

"না, ঠিক তা নয়। ফেরীবোটে চেপে তিনি যখন আমুদরিয়া পেরিয়ে টারমেজে পৌঁছালেন, তিনি তার জার্মান পথপ্রদর্শকের কাছে সে অঞ্চলের ঐতিহাসিক বিবরণ জানতে চেয়েছিলন। কিন্তু সেই জার্মানটি জানালো যে সে এসব বিবরণ সম্পর্কে সম্পূর্ণ অজ্ঞ। সুভাষ বাবু তখন তাকে বলেছিলেন যে বহু অভিযাত্রী এবং দিগ্বীজয়ী বীর এই বিপদসংকুল পথে তাদের অভিযানের বর্ণনা দিয়েছে যা পরবর্তী কালে বিশ্বের ইতিহাসকে প্রভাবিত করেছে।"

আমি বিনম্র শ্রদ্ধা এবং প্রশস্তির সঙ্গে বললাম, "সুভাষ বাবুর এই ফেরীতে আমুদরিয়া পেরিয়ে টারমেজে আসার ঘটনা আমাদের কাছে কিন্তু একান্ত গুরুত্বপূর্ণ।"

মাথা নেড়ে আমার কথায় সায় দিল আসকারফ্, "আমার মনে আছে, ওর সেই জার্মান পথপ্রদর্শক যখন সুভাষ বসুকে আমার কাছে ছেড়ে দিয়ে গেল, তিনি কিন্তু ফ্যাসিস্টদের স্বপক্ষে একটি কথাও বলেননি। তিনি আমাকে জিজ্ঞাসা করেছিলেন, মস্কোতে পৌঁছে সেখানে কিছু সোভিয়েত নেতার সঙ্গে দেখা করা সম্ভব হবে কিনা। আমি তার যোগে মস্কোতে খোঁজ নিয়েছিলাম, কিন্তু স্ট্যালিনের রাজত্বে রাশিয়াতে কোন সোভিয়েত নেতা সুভাষবাবুর সঙ্গে দেখা করতে রাজী হয় নি। এর ফলে তাসখন্দ থেকে ট্রেনে মস্কো এসে সেদিনই প্লেনে চেপে বার্লিনের পথে রওয়ানা দিলেন।"

"অত্যন্ত দুর্ভাগ্যের কথা!" আমি দীর্ঘশ্বাস ফেলে বললাম।

আসকারফ্ও আমার সাথে একমত, "আমি নিশ্চিত যে সুভাষ বসু যদি স্ট্যালিনের সাথে দেখা করতে পারতেন এবং তাকে প্রভাবিত করতে পারতেন, তবে স্ট্যালিন নিশ্চয় সোভিয়েত সেনা বাহিনীকে ব্যবহার করে জার্মান অথবা জাপানের অনেক আগেই বৃটিশদের ভারত থেকে বিতাড়িত করতে পারতেন।"

"হয়ত তাই!" আমি বললাম।

আসকারফ্ আবার বলতে শুরু করল, "যাই হোক, আমার কমিনটার্নের বন্ধুরা, যারা সুভাষ বসুকে মস্কো রেল স্টেশনে অভ্যর্থনা করতে গিয়েছিল, তারা আমাকে বলেছে যে বার্লিনগামী প্লেনে চাপতে তিনি একান্তই অখুশী ছিলেন। কিন্তু এ ছাড়া তার কাছে আর কোন বিকল্পও ছিলনা।"

এদিকে আমারও তাসখন্দ ছাড়ার সময় হয়ে গেল। আসকারফ্ আমাকে নিবিড় ভাবে আশ্বাস দিয়ে বলল যে ইয়াকুস্ক থেকে সুভাষ বসু সংক্রান্ত যে কোন খবর পাওয়া মাত্র সে তৎক্ষণাৎ আমাকে জানাবে। সরকারী সহায়তা ছাড়াই, এমনকি সরকারের বিরুদ্ধে গিয়েও আমরা আমাদের অনুসন্ধানের পরবর্তী পদক্ষেপ স্থির করতে ব্যস্ত হয়ে পড়লাম।

(ঘ)

আমার তাসখন্দ-কাবুল উড়ানটা আমার কাছে যথেষ্ট চাঞ্চল্যকর ছিল। আসকারফ্ আমাকে বিমান চালকের সঙ্গে আলাপ করিয়ে দিয়েছিল। তিনি আমাকে বিমানের ককপিটে ডেকে নিয়ে গেলেন। সামনে রাখা উড়ানের মানচিত্রের দিকে তাকিয়ে আমি মনে মনে ভাবলাম নেতাজী হয়ত এই পথ ধরেই অনিশ্চিত অজানার উদ্দেশ্যে ঝাঁপ দিয়েছেন।

সমরখন্দের দিকে তাকালে মনে হয় বালির বিছানার উপর যেন মণিমুক্তা খচিত অলঙ্কার বিছানো। প্রসঙ্গতঃ আমি পাইলটকে জিজ্ঞাসা করলাম, "আচ্ছা, অক্সিজেনের সহায়তা ছাড়া আমরা কি হিমালয় অথবা হিন্দুকুশ পর্বত অতিক্রম করতে পারি?"
পাইলট উত্তর দিলেন, "একজন সুস্থ স্বাভাবিক মানুষের পক্ষে সেটা খুব কষ্টকর নয়। আমুদরিয়া পেরুবার পর আপনি দেখতে পাবেন, হিন্দুকুশের উপর দিয়ে মরুযাত্রীদের চলাচলের জন্য একটা ক্যারাভ্যান চলার পথ আছে। ওখানের লোকেরা অক্সিজেন ছাড়াই সে পথে নিয়মিত চলাচল করে। প্লেনেও অক্সিজেন ছাড়া চলা খুব একটা অসম্ভব নয়।"

আমরা টারমেজে এসে কয়েক ঘন্টার বিরতি পেলাম। আমি একটা স্টাফ কার নিয়ে বেরিয়ে পড়লাম, শহরের এদিক ওদিক একটু ঘোরাফেরা করে আমুদরিয়ার ফেরী ঘাটে এসে পৌঁছালাম। নদীর ঠিক ওপারেই আফগানিস্তান সীমানা। সেখান থেকেই ঐতিহাসিক ক্যারাভ্যান রোড শুরু হয়েছে, চলে গেছে আমাদের দেশের দিকে।

ইলিউসিন বিমানে চেপেই আমরা ঘন্টা খানেক সময়ের মধ্যে হিন্দুকুশ পর্বত অতিক্রম করলাম। আকাশে উড়তে উড়তে হঠাৎ পাইলট আমার দৃষ্টি আকর্ষণ করলেন, "তাকিয়ে দেখুন, নীচে কারাকোরাম এবং পামির পর্বতমালা উঁকি মারছে, আজ যেন অপরূপ সৌন্দর্য্যে ঝলমল করছে।"

২০. গঙ্গা থেকে ইয়াকুস্ক

(ক)

"Renew the stories of men who against hope repelled the chain, and make the world's dead spirit leap and roar again" – এটা ছিল হাঙ্গেরিয়ান বিপ্লবী ম্যাথু আর্নল্ডের শ্লোগান। এটাই ছিল আমার সোভিয়েত বন্ধুদের এবং আমার মধ্যে যোগাযোগের সাংকেতিক বাক্য। ১৯৬৪ সালের বসন্তকালে তারা আমাকে সাংকেতিক বার্তার মাধ্যমে খবর পাঠালো, আমার এক সোভিয়েত লেখক বন্ধুর সঙ্গে যোগাযোগ করতে হবে এবং রাশিয়ায় বন্দী ভারতীয়দের মুক্তির জন্য সক্রিয় পদক্ষেপ গ্রহণ করতে হবে।

এক জার্মান বিমান প্রস্তুতকারক ডরনিয়ার একটি নতুন ধরণের 'স্টল' বিমান তৈরী করেছিলেন, যেটা খুব সংক্ষিপ্ত সময়ের মধ্যে উড়তে এবং অবতরণ করতে পারে। এ ধরণের বিমান হিমালয় অঞ্চলে আমাদের প্রতিরক্ষার জন্য আদর্শ। পরীক্ষামূলক উড়ান হিসাবে সেই বিমান নিয়ে আমি ভারতে এলাম। কিন্তু আমার সমস্ত উৎসাহে জল ঢেলে দিয়ে ভারতের আমলাতান্ত্রিক সরকার তাকে ঠান্ডাঘরে পাঠিয়ে দিল। ফলে আমাকে একটা সাধারণ এয়ারলাইনারের সাহায্য নিতে হ'ল, যা আমার কাজের পক্ষে মোটেই উপযোগী নয়।

পূর্ব ব্যবস্থা অনুযায়ী ইতালির ক্যাপরিতে আমি এক রাশিয়ান লেখকের সঙ্গে দেখা করলাম। কয়েক সপ্তাহ আগে মস্কোতে তার সঙ্গে আমার দেখা হবার কথা ছিল, কিন্তু রাশিয়ার গুপ্ত পুলিশের ভয়ে তিনি আমার সঙ্গে দেখা করেননি। ক্যাপরিতে মেরিনা পিকোলার একটা বাড়ীতে তার সঙ্গে আমার দেখা হ'ল। জার্মানিতে হিটলার ক্ষমতায় আসার আগে আমার ছাত্রাবস্থায় ওই বাড়ীতেই ম্যাক্সিম গোর্কীর সঙ্গে আমার একবার দেখা হয়েছিল। আমি যে

লেখকের সঙ্গে দেখা করতে এসেছিলাম, তিনিও এক সময় মস্কোতে ম্যাক্সিম গোর্কীর শিষ্য ছিলেন।

সেই লেখক ভদ্রলোক আমাকে খোলাখুলি বললেন, "তুমি তো কয়েকজন বিশেষ ব্যক্তির জন্য দুশ্চিন্তা করছ, কিন্তু তুমি কি দেখতে পাচ্ছনা, আমাদের লোকেরা কম্যুনিস্ট ব্লকে কি নিদারুণ অবস্থার মধ্যে দিন কাটাচ্ছি? সোভিয়েত ইউনিয়নে এমন পরিবার খুব কমই আছে, যে পরিবারের কেউ না কেউ স্ট্যালিনের অত্যাচারের শিকার হয়নি, এবং সরকারী ভাবে আজও যারা পুনর্বাসন পায়নি।"

"কিন্তু আমাদের সুভাষ বাবুর অবস্থাটা তো সম্পূর্ণ অন্যরকম, একটা ব্যতিক্রমী ঘটনা।"

লেখক আবার বললেন, "তুমি যদি এখন রাশিয়ায় সুভাষ বসু সম্বন্ধে তোমার কাজ শুরু কর, তবে তার আগে তোমাকে বর্তমান রাশিয়ার বাস্তবতাকে বুঝতে হবে।"

"সেটা কি ব্যাপার?"

"সোভিয়েত রাশিয়ায় এখন একটা তাৎপর্য্য পূর্ণ ঘটনা ঘটছে। সোভিয়েত প্রেস এখন ফ্যাসিবাদ এবং নাজি কনসেনট্রেশন ক্যাম্পগুলি নিয়ে খুব কম লিখছে। কেন জানো? কারণ হল এই যে প্রথম এই মৃত্যু শিবিরগুলি কিন্তু জার্মানরা তৈরী করেনি, সোভিয়েত কর্তারাই সেগুলি তৈরী করেছিল। প্রথম দিকের সেই ক্যাম্পগুলি তৈরী হয়েছিল ১৯২১ সালে আরখান জেলস্ক এর কাছে খালমাগর নামে এক জায়গায়। সে জন্যই সোভিয়েত প্রেসগুলির পক্ষে বুদ্ধিমানের কাজ ছিল নাজি ক্যাম্পগুলির কথা যথা সম্ভব এড়িয়ে যাওয়া, যাতে একই ভূমিকায় সোভিয়েত ইউনিয়নের তুলনা না এসে যায়। আমাদের তো ভয় হয় যে, তোমাদের যুদ্ধবন্দীরা যদি মুক্তি পাবার পর মুখ খোলে, তবে হয়ত প্রমাণ হয়ে যাবে যে নাজি ক্যাম্পগুলি সোভিয়েত ক্যাম্পগুলির তুলনায় অধিকতর সভ্য এবং মানবিক ছিল।"

প্রসঙ্গতঃ আমি জানতে চাইলাম, "আচ্ছা, সোভিয়েত ক্যাম্পগুলিতে বন্দী সংখ্যা কি নাজিক্যাম্পগুলির তুলনায় বেশী ছিল?"

"সোভিয়েত কনসেনট্রেশন ক্যাম্পগুলি তৈরী হবার পর থেকে গত তিন দশক ধরে সেখানে বন্দী সংখ্যা হয়েছে ৮ থেকে ১২ মিলিয়ন। অবশেষে প্রকৃত সত্য এখন বেরিয়ে আসছে। সরকারী ভাবেই স্বীকার করা হয়েছে যে গত এক বছরে অজস্র সম্পাদকীয় কলম, সাময়িক পত্রিকা ইত্যাদিতে দশ হাজারেরও বেশী উপন্যাস, গল্প, প্রবন্ধ ছাপা হয়েছে যার মূল বিষয়বস্তু হ'ল এইসব কুখ্যাত কনসেনট্রেশন ক্যাম্প। এর ফলে সোভিয়েত দপ্তর গুলিতে প্রচুর বিভ্রান্তি সৃষ্টি হয়েছে। আজ একদিকে স্ট্যালিনবাদ কে নিষ্ঠুরতা এবং হিংস্রতার অপরাধে অপরাধী করা হচ্ছে এবং অন্যদিকে ক্রুশ্চেভের মত স্ট্যালিন বিরোধী নেতাকেও বিরূপ সমালোচনার শিকার হতে হচ্ছে। এই কঠিন বাস্তবতা শুধু যে সোভিয়েত কম্যুনিস্টদের পক্ষেই অস্বস্তিজনক, তা নয়, এই ঘটনা তোমার দেশের কম্যুনিস্ট শাখার পক্ষেও যথেষ্ট অস্বস্তির কারণ।"

আমার এই সোভিয়েত লেখক বন্ধুটির সঙ্গে দীর্ঘ আলোচনার পর আমি বুঝে গেলাম যে আমি যদি আবার মস্কোতে ফিরেও যাই, তা হলেও যে উদ্দেশ্যে আমার এখানে আসা, তা সফল হবেনা। এখন আমার পক্ষে সঠিক কাজ হবে দেশে ফিরে যাওয়া, প্রকৃত বাস্তব সত্যটা দেশের মানুষের কাছে তুলে ধরা এবং নেতাজী ও আমার দেশের অন্যান্য বীর বন্দীরা, যারা সোভিয়েত দেশে বন্দী হয়ে আছে, তাদের ফিরিয়ে আমার জন্য সরকারের উপর চাপ সৃষ্টি করা। এটাই হল এখন সর্বাপেক্ষা গুরুত্বপূর্ণ জাতীয় দায়িত্ব।

(খ)

পেশোয়ার ত্যাগ করার পর দ্বিতীয় পর্য্যায়ে অজানার পথে ঝাঁপিয়ে পড়ার সময় নেতাজীকে জীবনের ভয় ভীতি ত্যাগ করে প্রচুর কষ্ট স্বীকার করতে হয়েছে। তাকে তুলনা করা যেতে পারে রূপকথার সেই নাবিকের সঙ্গে, যে গভীর অন্ধকার রাতে সমুদ্রের ভয়ানক তুফানকে অগ্রাহ্য করে তীর খুঁজে পাওয়ার জন্য যুদ্ধ করে চলেছে, প্রতি মুহূর্তে ডুবে যাবার ভয় তাকে গ্রাস করছে। বিরাট ঢেউ তাকে গ্রাস করে ফেলার চেষ্টা করছে, কিন্তু সেই নাবিক

আবার তার নৌকায় উঠে অট্টহাস্যে যুযুধান প্রকৃতিকে হেলায় উপেক্ষা করছে।

গভীর রাতে নেতাজী পেশোয়ার থেকে স্থানীয় উপজাতি অধ্যুষিত অঞ্চলের মধ্য দিয়ে একটা ট্রাকে চেপে বেরিয়ে পড়লেন। যাত্রাপথে তাকে সুলেমান পর্বতমালা এবং কাবুল নদী অতিক্রম করতে হল। দ্বিতীয় রাতটা তিনি কাটালেন আড্ডা শরীফের একটা মস্‌জিদে। চতুর্থ দিনে তিনি আফগানিস্তানের অনেকটা ভিতরে ঢুকে গেলেন, যাতে বৃটিশের সি.আই.ডি শিকারী কুকুরেরা তার সন্ধান না পায়।

একটা ডাকোটা বিমানের নিশ্চিন্ত আসনে বসে আমি সে সব পথে উড়ে বেড়িয়েছি, যে সব পথ নেতাজী ব্যবহার করেছেন। আমাদের এরোনটিকাল চার্ট ওই সব অঞ্চলকে নিষিদ্ধ বলে ঘোষণা করেছিল। পাকিস্তান নিয়ন্ত্রিত পেশোয়ার টাওয়ারও আমাদের সাবধান করে দিয়েছিল, "কাবুল এবং সিন্ধুনদের সঙ্গে খেলা করতে যেওনা। তার ফল কিন্তু মারাত্মক হতে পারে।"

নীচের স্থলভাগের প্রায় সবটাই অত্যন্ত অমসৃণ। ধূসর রংএর সুলেমান পর্বতকে দেখাচ্ছে যেন নগ্ন এবং ক্ষুধার্ত। এই ভয়ানক বিপদসংকুল পর্বতের দিকে তাকিয়ে আমি অবাক হয়ে ভাবলাম, সুজলা সুফলা বাংলার নরম মাটি থেকে উঠে আসা একজন মানুষ কি ভাবে বৃটিশের রক্তচক্ষুকে ফাঁকি দিয়ে এই পর্বতের উপর রাত্রি যাপনের শক্তি এবং সাহস অর্জন করলেন।

"আমরা আর দশ মিনিটের মধ্যেই পেশোয়ারে নামব।" আমাদের নেভিগেটর জানিয়ে দিল।

"আচ্ছা, এই দূরত্ব অতিক্রম করতে নেতাজী কত সময় নিয়েছিলেন?" আমি জিজ্ঞাসা করলাম।
"পামির-হিন্দুকুশের হিংস্র বরফ শীতল হাওয়ার মধ্য দিয়ে পাঁচ রাত হাঁটা পথ পেরুতে হয়েছে তাকে" উত্তর দিল নেভিগেটর।

(গ)

সুলেমান পর্বতের অতি দুর্গম পথে ট্রেকিং করতে গিয়ে নেতাজীকে যে অমানুষিক সহ্যশক্তির পরীক্ষা দিতে হয়েছে, তার সঙ্গে আর্কটিক তুন্দ্রা অঞ্চলে অবস্থিত উত্তর-পূর্ব সাইবেরিয়ার ইয়াকুস্ক জেলখানা থেকে পালিয়ে আসা এক কয়েদির পথ অতিক্রমনের কষ্টের তুলনা করা চলে। প্রথমতঃ রাশিয়ান ভালুকের মৃত্যু কঠিন আলিঙ্গনের তুলনায় বৃটিশ সিংহের মুঠো থেকে বেরিয়ে আসা অনেক সহজ। কলকাতার এলগিন রোডের বাড়ী থেকে বেরিয়ে আসা আর বিশাল সুউচ্চ পাথরের দেয়াল এবং তড়িৎবাহিত কাঁটা তারে ঘেরা ইয়াকুস্কের কেন্দ্রীয় জেলখানা থেকে পালানো এক কথা নয়। নিজস্ব অভিজ্ঞতা দিয়ে তাকে উপলব্ধি করতে হয়। কলকাতার কলেজস্ট্রীটে বিক্রী হওয়া কিছু ছবির বই পড়েই রাশিয়ার উত্তুঙ্গ পর্বতের ভাঁজে ভাঁজে লুকিয়ে থাকা বিপদের সন্ধান পাওয়া যাবেনা।

যারা শুধু কল্পনার চোখে সেই দুর্গম রাশিয়ার ভয়াবহতার কথা ভেবে শিহরিত হন, তাদের অনেকেই এই সব বিপদের তথ্য সমৃদ্ধ বইপত্রও উল্টে দেখার তাগিদ অনুভব করেন না, সুলেমান পর্বত অথবা সাইবেরীয় অঞ্চলে অভিযান চালানো তো অনেক দূরের কথা। নেতাজীর সাইবেরিয়ায় পৌঁছানো যতটা কষ্টকর ছিল, তার থেকে অনেক বেশী কষ্টকর ছিল তার ভারতে ফিরে আসাটা। অনেকেই হয়ত ভক্তিভরে নেতাজীর চিত্রটি মনের মধ্যে গেঁথে রেখে আনন্দ পান, কিন্তু রাশিয়ার সরকারের হাতে তার অত্যাচার ও লাঞ্ছনার কথা জানেনইনা। যদি কখনও শোনা যায় যে ভারতের কোন স্থানে নেতাজীর আবির্ভাব ঘটতে দেখা গেছে, কেন্দ্রীয় সরকার তাকে হেলায় ঝেড়ে ফেলে দিয়ে মৃদু হাস্যে ঘোষণা করেন, নেতাজীর ঘটনার তো সমাধান হয়ে গেছে, তার উপযুক্ত ব্যাখ্যাও মিলেছে। অতএব সই পুরানো ফাইল আবার খোলার কোন প্রয়োজন নেই। নেতাজীর কল্পনাপ্রেমী ভক্তরা এবং ভারতের ক্ষমতাসীন সরকার, উভয়ের নিস্কৃয়তায় ভারতের স্বাধীনতার সংগ্রামে নেতাজীর ঐতিহাসিক অবদানের কথা চলে যায় বিস্মৃতির গর্ভে।

(ঘ)

১৯৬৩-৬৪ সালে আমার মস্কো-দিল্লী উড়ান আমাকে পামির-কারাকোরাম এবং বদ্রী-কেদারের পর্বত চূড়ার উপর দিয়ে উড়িয়ে নিয়ে গেছে। সমস্ত ক্রুদ্ধ বিতর্ক ভুলে আমার সে অভিজ্ঞতা আমার কাছে এক অন্তহীন উদ্দীপনার উৎস। সে অভিজ্ঞতা আমায় সদা সর্বদা নেতাজীর বিষয়ে ক্রমাগত অনুসন্ধানে উদ্দীপ্ত রাখে।

মধ্যরাত্রে আমি মস্কোর সেরমাতেভু বিমান বন্দরে আমার বিমানে চেপে বসলাম। আমার মাথায় তখন ইয়াকুস্কের অজস্র তথ্য সংবাদ গিজগিজ করছে। যা আমি আমার পিছনে ফেলে আসা বন্ধুদের কাছ থেকে সংগ্রহ করেছি। ঘুমের ঘোরে আমি স্বপ্ন দেখলাম আমি যেন ইয়াকুস্কে অবতরণ করেছি। সেখানে এক কণ্ঠস্বর আমাকে বলছে, "মা গঙ্গা! জয় হিন্দ! আমার অভিনন্দন গ্রহণ করুন।"
উত্তরে আমি প্রবাহমান গঙ্গার স্রোতের গর্জন শুনতে পেলাম।

ভোরবেলায় মৃদু ধাক্কা দিয়ে নেভিগেটর আমার ঘুম ভাঙ্গিয়ে আমাকে ককপিটে ডাকল। আমাদের চোখের সামনে তখন ভেসে উঠেছে রক্তলাল সূর্য্যের প্রথম আভা, তুষার মুকুট খচিত পর্বতের মাথায় তখন সে এক বর্ণনাতী মোহনীয় দৃশ্য!

"আমরা এখন কোথায়?" আমি জিজ্ঞাসা করলাম।
"আমরা এখন পামিরের মাথার উপর। কিছুক্ষণের মধ্যেই আমরা গিলগিটে পৌঁছাবো, তার একটু পরেই গঙ্গোত্রী।"
চতুর্দিকের বরফের দেয়ালের দিকে অঙ্গুলি নির্দেশ করে নেভিগেটর আমাকে বলল "এই পর্বতমালার শ্বেত শুভ্র তুষারের আবরণ হচ্ছে ভারত-সোভিয়েত সম্পর্কের মধ্যে দৃঢ় বন্ধন।"
"আমি ঠিক বুঝলাম না তোমার কথা" একটু অবাক হয়ে বললাম আমি।

“পামিরের উপর থেকে আমাদের দখল কেড়ে নেবার জন্য পিকিং অতি দ্রুত ধেয়ে আসছে। তাই আমরা গিলগিটকে ভারতের অংশ বলে ঘোষণা করেছি। অবশ্য সেটা বাস্তবেই ভারতের অংশ। এর ফলে এই অঞ্চলে ভারত-সোভিয়েত যৌথ প্রতিরক্ষা এবং নিরাপত্তা প্রতিষ্ঠিত হবে। তাতে চিনাদের আক্রমণের কেন্দ্রস্থল ‘খাসগর’, যেটা ওদের প্রধান আক্রমণ কেন্দ্র, তাকে ধ্বংস করা যাবে।”

আমি বললাম, “আমাদের একজনই নেতা আছেন যিনি আমাদের সমস্ত শক্তিকে সংহত করে চিনা কম্যুনিস্ট পার্টির আক্রমনকে প্রতিহত করতে পারে। তিনি হলেন নেতাজী সুভাষ চন্দ্র বোস।”

“তবে এখন তিনি চিনাদের প্রতিরোধে নেতৃত্ব দিচ্ছেননা কেন?” নেভিগেটরের প্রশ্ন।

“আমাদের কাছে সংবাদ আছে তিনি এখন তোমাদের ইয়াকুস্ক জেলে বন্দী।” আমি উত্তর দিলাম।

“তোমরা তাহলে সোভিয়েত কর্তাদের কাছে সমস্ত কাহিনী খুলে বল। তা হলেই তাকে আমরা তার স্বদেশে ফিরিয়ে নিয়ে আসতে পারি।”

সে সময় বিমান থেকে আমরা গঙ্গোত্রীর চতুস্পার্শ ঘিরে পর্বতরাজীকে দেখতে পেলাম। আমাদের বিমান গঙ্গাকে অনুসরণ করে উড়ে চলল।

২১. নেতাজীকে মুক্ত করার উদ্যোগ

(ক)

১৯৬৫ সালের স্বাধীনতা দিবসে ভারতের জাতীয় কার্য্যক্রমে নেতাজীকে তার প্রাপ্য স্থানটুকু দেওয়া উচিত ছিল। আগামী পার্লামেন্টের অধিবেশনে একটা সর্বাত্মক প্রচেষ্ট নেওয়া হবে, যাতে সাহ্ নাওয়াজ কমিটির ভুলগুলিকে শুধরে নেওয়া যায়। আশা করা যায়, ভারতের মানুষের পুনর্জাগরণ হয়ত আমাদের কাঙ্খিত বিজয়ের পথে নিয়ে যাবে।

তাইপেই এ অজস্র তথ্য, ফটোগ্রাফ এবং নথিপত্র আছে, যা প্রমাণ করবে, যে বিমান দুর্ঘটনায় নেতাজী নিহত হয়েছেন বলে বিশ্বব্যাপী রটনা, সে রকম কোন ঘটনা সেদিন ঘটেইনি। সব থেকে মজার কথা সাহ্ নাওয়াজ কমিটি ইচ্ছা করে তাইপেই গেলেনই না। অথচ সেটাই ছিল তথাকথিত বিমান দুর্ঘটনার কেন্দ্রস্থল। অদ্ভূত কান্ড, তৎসত্ত্বেও প্রচার করা হল নেতাজী নাকি মৃত। অজস্র সাক্ষ প্রমাণ থাকা সত্ত্বেও সত্য এবং ন্যায় বিচার প্রবলভাবে উপেক্ষিত হল। সাহ্ নাওয়াজের ভুল তদন্তের বিষয়ে ভারত সরকার একটি শব্দও উচ্চারণ করেননি। এখন তাদের উচিত নতুন করে একটি তদন্ত কমিটি গঠন করা এবং সাহ্ নাওয়াজ কমিটির ভুল রিপোর্টকে সংশোধন করে নেওয়া।

একবার যদি আমরা সেই সরকারী ভুলকে সংশোধন করে প্রকৃত সত্যকে প্রতিষ্ঠিত করতে পারি, নেতাজী সম্পর্কিত তদন্তের সব পথ খুলে যাবে, আমাদের সরকারও সঠিক তদন্তের প্রয়োজনে অন্যান্য দেশের সরকারের সঙ্গে যোগাযোগ করতে পারবেন।

(খ)

আনন্দবাজার পত্রিকা এবং হিন্দুস্তান স্ট্যান্ডার্ড পত্রিকা যখন নেতাজী সম্পর্কে ধারাবাহিকভাবে লিখতে আরম্ভ করল, তখন আরও বেশ কিছু তথ্য আমাদের সামনে এল। এইসব নতুন তথ্য প্রমাণ করে দিল যে নেতাজী সম্পর্কে আমার দাবীই সঠিক। বার্লিন এবং মস্কোতে থাকতেই আমার দাবী ছিল যে ১৯৫০-৫১তে নেতাজী রাশিয়ার ইয়াকুস্ক জেলে বন্দী ছিলেন।

কিন্তু প্রকৃত সত্য সম্পর্কে আমার বিবৃতি আমাদের দেশের রুশ প্রেমীদের ক্রুদ্ধ করে তুলেছিল। নয়াদিল্লীর রাজনৈতিক মহলে তখন তাদের বিপুল ক্ষমতা। তাদের প্রথম প্রতিক্রিয়াই ছিল যে ঐ ধরণের অভিযোগ ভারত এবং রাশিয়ার মধ্যে সুসম্পর্ককে ধ্বংস করবে। তাদের উদ্দেশ্যে আমি স্পষ্ট করে বলতে চাই যে তাদের ধারণা সম্পুর্ণ ভুল। সোভিয়েত ইউনিয়নের আভ্যন্তরীন বিষয়ে তাদের কোন ধারণা না থাকার ফলেই তাদের এই অমূলক ভীতি।

দেখা যেতে পারে বিশ্বের অন্যান্য দেশে এ ধরণের সমস্যা দেখা দিলে তারা কিভাবে তা নিরসনের চেষ্টা করেন। সুইডেনেরও আমাদের মত সমস্যা ছিল। তাদের এক কূটনীতিবিদ্ রাশিয়ায় গিয়ে নিখোঁজ ছিলেন। তার নাম ওয়েলেনবার্গ। ইতালি এবং অন্যান্য দেশের যুদ্ধবন্দীরা যখন স্ট্যালিনের মৃত্যুর পর রাশিয়া থেকে মুক্তি পেয়ে স্বদেশে ফিরে এল, তাদের সাক্ষ্য প্রমাণের ভিত্তিতে সুইডেনের সুপ্রিম কোর্টের দুই বিচারক রায় দিলেন যে এ বিষয়ে কোন সন্দেহের অবকাশ নেই যে মিঃ ওয়েলেনবার্গকে ১৯৪৫ সালের জানুয়ারী মাসে রাশিয়ার আদালতে উপস্থাপিত করা হয় এবং তারপর থেকেই সোভিয়েত ইউনিয়নের বন্দী ছিলেন। তারপর থেকে সুইডেনের বিদেশ মন্ত্রক ক্রমাগত ওয়েলেনবার্গের প্রত্যর্পনের দাবী করে রাশিয়ার সরকারের উপর চাপ সৃষ্টি করে গেছে। রাশিয়াও ধারাবাহিক ভাবে সুইডেনের অনুরোধকে প্রত্যাখ্যান করেছে। তাদের বক্তব্য ছিল যে ওয়েলেনবার্গ রাশিয়ায় একজন অপরিচিত অনুপ্রবেশকারী। আমাদের দেশের

রুশপ্রমীদের ধারণা এই ওয়েলেনবার্গ কান্ডের ফলে সুইডেনের সঙ্গে রাশিয়ার সম্পর্কের অবনতি ঘটেছে। কিন্তু বাস্তবে সে রকম কিছু ঘটেনি। সুইডিস সরকার ইতিমধ্যে রাশিয়ার বহু অতি গোপনে সংরক্ষিত তথ্য আবিষ্কার করে ফেলেছে, যেগুলি বিশ্বের দরবারে প্রকাশ পেলে তা রাশিয়ার পক্ষে বিপজ্জনক হয়ে উঠবে।

এ বছর জুন মাসের মাঝামাঝি আমাদের প্রধানমন্ত্রী যখন রাশিয়ায় গেলেন, সুইডিস প্রধানমন্ত্রীও তখন রাশিয়া ভ্রমণে গিয়েছিলেন। এবারেও যথারীতি ওয়েলেনবার্গের দাবী উত্থাপিত হয় এবং রাশিয়া সে দাবী মানতে অস্বীকার করে। কিন্তু তাতে ওয়েলেনবার্গের মুক্তির দাবী থেমে যায়নি। আজও নতুন নতুন প্রমাণ এবং নথিপত্র দাখিল করে সেখানের মানুষের আন্দোলন চলছে।

ওয়েলেনবার্গের ঘটনা আমাদের চোখে আঙ্গুল দিয়ে দেখিয়ে দেয়, আমাদের নেতারা নেতাজীর বিষয়ে কতটা উদ্বিগ্ন এবং উদ্যোগী। আমাদের এখন আমাদের সরকারের উপর চাপ সৃষ্টি করা উচিত, যাতে আমাদের প্রধানমন্ত্রী নেতাজীর বিষয়টি পুনরুত্থাপন করেন, যেমনটি সুইডিস প্রধানমন্ত্রী ওয়েলেনবার্গের ক্ষেত্রে করেছে। বহু মুক্তি পাওয়া ইতালিয় এবং জার্মান যুদ্ধবন্দীর কাছ থেকে প্রমান পাওয়া গেছে যে, নেতাজী রাশিয়ার ইয়াকুস্ক জেলখানায় বন্দী ছিলেন। জাতীয় স্বার্থেই আমাদের কেন্দ্রীয় সরকারের উচিত নেতাজীর বিষয়ে পূর্ণতদন্ত শুরু করা। যত তাড়াতাড়ি তারা সেই কাজ শুরু করবেন, ততই তারা সম্মানিত এবং দায়িত্বশীল সরকারের মর্য্যাদা পাবেন।

(গ)

অত্যন্ত দুর্ভাগ্যের বিষয়, নেতাজী সংক্রান্ত বিষয়ে নয়া দিল্লীর ভূমিকা একান্তই হতাশাজনক। ডঃ অবনী মুখার্জীর ক্ষেত্রেও সেই একই ঘটনা ঘটেছিল। কলকাতার ময়দানে গত ২৭শে জুন আমি এক জনসভায় অবনীবাবুর ঘটনার উল্লেখ করেছি। আমার বক্তৃতা শোনার পর অবনীবাবুর ছোট ভাই আমার

হাতে আমাদের বিদেশমন্ত্রকের লেখা চিঠির একটি কপি তুলে দেন। চিঠিটা নয়া দিল্লী থেকে ১৯৫৭ সালের ২৪শে জুলাই তারিখে লেখা।

"With reference to this Ministry's letter of even number, dated the 8th March, 1957 on the subject mentioned above I am directed to say that the Ministry of Foreign Affairs, Union of Soviet Socialist Republic have now informed that Dr. Abani Mukherjee, who had taken on Soviet citizenship, died on the 28th October, 1937. He left no will or testament behind. His widow Mrs. Rosa Fitingoff, is a pensioner and her address is 'Obiedinsky Peryulok, House No. 7, Apartment No. 3, Moscow. His daughter Maya Mukherjee is now married and is living outside Moscow. His son Goga Gaur Mukherjee died on the front during the war." অর্থাৎ মোদ্দা কথা হল এই যে, মস্কোর বিদেশমন্ত্রক জানিয়েছে যে, ডঃ অবনী মুখার্জী সোভিয়েত নাগরিকত্ব গ্রহণ করেছিলেন এবং ১৯৩৭ সালের ২৮শে অক্টোবর মারা গেছেন। মৃত্যুর আগে তিনি কোন উইল করে যান নি। তার বিধবা স্ত্রী, ম্যাডাম রোজা ফিটিনগফ এখন পেনশনভোগী এবং মস্কোর বাইরে থাকেন। তার ছেলে গোগা গৌর মুখার্জী গত যুদ্ধে যুদ্ধক্ষেত্রে মারা গেছে।

আমাদের বিদেশমন্ত্রকের ধারণা অনুযায়ী এই চিঠির সঙ্গেসঙ্গেই ডঃ অবনী মুখার্জীর কাহিনী শেষ। কিন্তু বাস্তব ঘটনা সম্পূর্ণ ভিন্ন কথা বলে। আমাদের বিদেশ মন্ত্রককে জানানো হয়েছে যে, ডঃ অবনী মুখার্জী ১৯৩৭ সালে মারা গেছেন। অথচ, অবনীবাবুর ছোট ভাই ১৯৪২ সাল পর্য্যন্ত তার কাছ থেকে নিয়মিত চিঠি পেয়েছেন। অবনীবাবুর ছেলে, যাকে আমরা গোগা বলে জানি, তার সম্পর্কেও বলা হয়েছে যে সে গত যুদ্ধে মারা গেছে। অথচ ১৯৫৪ সালে পূর্ব বার্লিনে আমার সঙ্গে গোগার দেখা হয়েছে, দ্বিতীয়বার দেখা হয়েছে ১৯৬০ সালে, মস্কোতে। তার মুখেই আমি সর্বপ্রথম শুনি যে এক পুনর্বাসন প্রাপ্ত কমিনটার্ন কর্মী মাজুত সুভাষ বাবুকে ইয়াকুস্ক জেলখানায় দেখেছে

১৯৫০-৫১ সালে। মাজুতের বিবৃতি অনুযায়ী নেতাজী বন্দী ছিলেন ৪৫নং সেলে এবং অবনীবাবু ছিলেন ৫৭নং সেলে।

ভাগ্যের এমনই পরিহাস যে, এতসব সাক্ষ্য প্রমাণ থাকা সত্ত্বেও আমাদের বিদেশমন্ত্রক রাশিয়ার পাঠানো সংবাদের উপরেই বেশী বিশ্বাস এবং আস্থা স্থাপন করেছে। আমাদের দেখতে হবে এই অন্যায়ের বিরুদ্ধে যেন তীব্র জনমত গঠিত হয়।

ব্যক্তিগতভাবে আমার কাছে যে বিস্তারিত প্রমাণ আছে তার ভিত্তিতে তীব্র জনমতের চাপে যেন নেতাজীকে মুক্ত করার যুদ্ধ শুরু হয়। মস্কোতে মিখাইল সুসলভ নেতাজী মামলা দেখাশোনার দায়িত্বে আছেন। কমিনটার্ন এবং কমিনফর্মের গোপন কর্মসূচী রূপায়নের দায়িত্বও তার হাতে। তিনি এখন ক্রুশ্চেভের পতনের পর সর্বাপেক্ষা শক্তিশালী রাজনৈতিক ব্যক্তিত্ব। আমাদের এখন উচিত, আমাদের প্রধানমন্ত্রীর উপর চাপ সৃষ্টি করা যাতে তিনি মিখাইল সুসলভের সঙ্গে বসে নেতাজীর বিষয়টি পুনরুত্থাপন করেন।

নয়াদিল্লীর এখন অবশ্য করনীয় কাজ হল নতুন করে নেতাজী তদন্ত কমিটি গঠন করা। নয়া দিল্লীর নেতাদের এখন উচিত আর্মচেয়ারে বসে অর্থহীন আলাপ-আলোচনায় সময় নষ্ট না করা।

এছাড়া এখানে ওখানে নেতাজীকে ছদ্মবেশে দেখা গেছে বলে যেসব গুজব রটনা চলছে, সেগুলি বন্ধ হওয়া উচিত। ওইসব গুজব প্রকৃত অনুসন্ধানের পক্ষে যথেষ্ট ক্ষতিকর।

এই স্বাধীনতা দিবসে আমাদের একমাত্র কাজ হল সংঘবদ্ধভাবে নেতাজীর বিরুদ্ধে সর্বপ্রকার নিষ্ক্রিয়তাকে দূর করার কাজে ঝাঁপিয়ে পড়া। সেটাই হবে নেতাজীর প্রতি দেশবাসীর সর্বোত্তম শ্রদ্ধার্ঘ্য।

www.ingramcontent.com/pod-product-compliance
Lightning Source LLC
LaVergne TN
LVHW101921220826
846093LV00009B/326

9781639976096